회화를 위한
영문법

영어회화에 꼭 필요한 문법만 배운다!

회화를 위한 영문법

2015년 10월 19일 1판 1쇄 인쇄
2015년 10월 26일 1판 1쇄 발행

지은이	김대운
펴낸이	김남일
펴낸곳	TOMATO
등록번호	제 6-0622호
주소	서울 동대문구 답십리로38길 56 월드시티빌딩 501호
전화	0502-600-4925
팩스	0502-600-4924

ISBN   978-89-91068-70-4 13740
파본은 교환해 드립니다.(정가는 표지에 있습니다)
토마토출판사홈페이지 www.tomatobooks.co.kr

머리말

언어를 배울 때는 먼저 그 언어의 특징을 알아야 하고 말을 할 때나 글로 쓸 때의 규칙은 어떻게 되어 있는지도 이해하고 있어야 합니다.

영어를 배울 때도 마찬가지로 영어의 특징을 제대로 알아야 함은 물론이고 말을 할 때나 글로 쓸 때 영어라는 언어가 가진 문장을 만드는 규칙(문법)을 먼저 공부해 두어야 합니다.

이 책은 영어회화를 처음 배우는 분들이 어떻게 하면 쉽고 재미있게 회화를 배울 수 있을까 하는 고민에서 나온 것입니다.

저의 경험에서 볼 때 무작정 회화 표현을 암기해서 쓰려고 하는 것보다는 기본적인 문법을 이해한 다음 상황에 따라 적절한 표현을 만들어 쓸 수 있는 실력을 기르는 것이 영어회화를 터득하는 지름길이라고 확신합니다.

따라서 먼저 기본적인 영문법을 익히고, 대화를 통해 회화에서 어떻게 쓰이고 있는지 확인한 다음 독자 스스로 문법 사항을 활용해서 연습해 보는 순서로 구성했습니다.

이 책은 회화를 할 때 꼭 알아두어야 할 영문법 항목만 뽑아 40개의 과로 나누고 가장 기본적인 것부터 배울 수 있게 단계적으로 구성했습니다. 한 과에 한 가지씩 배워 가면 어렵지 않게 기본적인 영문법은 모두 익힐 수 있을 것입니다. 설명에 나오는 예문은 실제 회화에서 쓰이는 실용적인 것들이고 해당하는 문법 항목을 쉽게 이해할 수 있는 간단한 문장입니다.

이 책이 독자 여러분의 영어회화 실력 향상에 조금이나마 도움이 되길 바랍니다.

이 책의 구성

한 과는 Step 1 Key Sentences → Step 2 Grammar Points → Step 3 Conversation → Step 4 Exercise 순서로 구성해서 해당 문법 항목을 배우고, 익히고, 확인하고, 활용해 볼 수 있게 구성되어 있습니다.

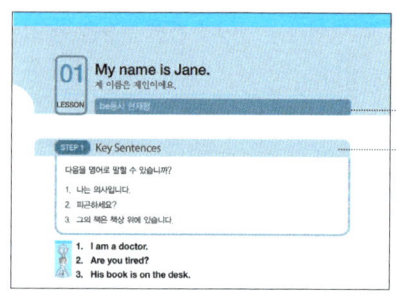

공부할 영문법 항목
회화를 할 때 꼭 알아두어야 영문법 항목을 40개의 과로 나누고 가장 기본이 되는 것부터 한 항목씩 단계적으로 공부할 수 있게 꾸몄습니다.

STEP 1: Key Sentences
해당 영문법의 핵심적인 내용을 나타내는 3개의 예문을 말할 수 있는지 확인해 보세요. 학교에서 배운 것이지만 자신이 취약하거나 모르는 내용을 점검해 볼 수 있습니다.

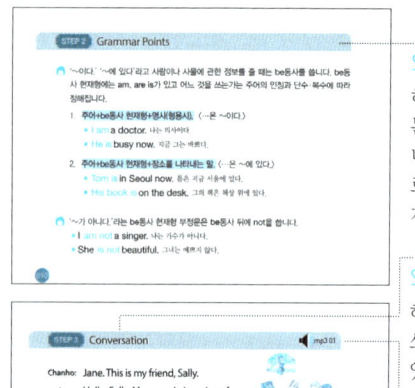

STEP 2: Grammar Points
해당 문법 항목에 관하여 회화에 많이 쓰는 문법 사항만 뽑아 알기 쉽게 해설했습니다. 예문도 회화에서 실제 쓰는 문장으로 구성해서 문장이 만들어지는 원리를 쉽게 이해할 수 있습니다.

STEP 3: Conversation
해당 문법 항목이 실제 회화에서는 어떻게 쓰이는지 알 수 있도록 대화를 만들어 두었습니다. 일상생활에서 쓰는 대화문을 통해 문법의 내용을 확인해 주세요.

음성 mp3 파일
대화의 내용이 녹음된 음성파일입니다.

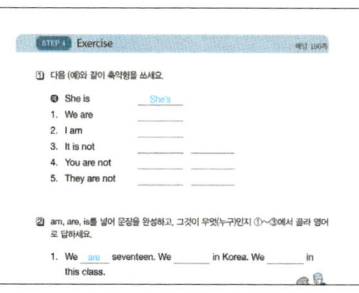

STEP 4: Exercise

연습문제는 회화에서의 활용에 중점을 두고 다양하고 재미있게 꾸몄습니다. 해당 문법 사항들을 잘 이해했는지 바로 확인해 보고 연습문제를 통하여 회화에서 즉시 활용할 수 있도록 연습해 보세요.

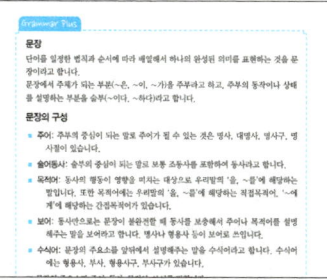

Grammar Plus

추가적인 설명이 필요하거나 관련해서 알아두어야 하는 문법 사항들은 별도로 묶어 설명했습니다.

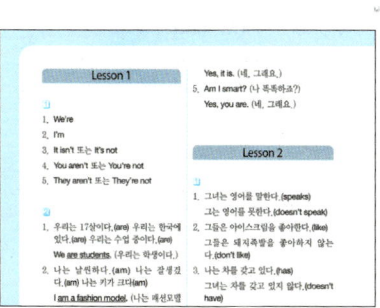

해답편

연습문제의 해답과 연습문제에 나온 영문도 해석해 두어 연습문제를 쉽게 이해할 수 있습니다.

차례

Lesson 01	be동사 현재형	10
Lesson 02	일반 동사 현재형	15
Lesson 03	현재진행형	20
Lesson 04	현재형과 현재진행형	25
Lesson 05	be동사 과거형	29
Lesson 06	일반 동사 과거형	34
Lesson 07	과거진행형	39
Lesson 08	현재완료(완료·결과)	43
Lesson 09	현재완료(경험)	49
Lesson 10	현재완료(계속)	54
Lesson 11	현재완료진행형	59
Lesson 12	미래를 나타내는 will	63
Lesson 13	미래를 나타내는 be going to	68
Lesson 14	현재진행형으로 나타내는 미래 표현	72
Lesson 15	There is ~. / There are ~.	76
Lesson 16	의문사가 있는 의문문(1) – Where, When, Why, How	80
Lesson 17	의문사가 있는 의문문(2) – Who, Whose, What, Which	86
Lesson 18	의문사가 있는 의문문(3) – How often?, How long?, How many?, How much?	91
Lesson 19	문장의 5형식	96
Lesson 20	조동사(1) – can, could, be able to	101
Lesson 21	조동사(2) – must	106
Lesson 22	조동사(3) – may, might	110
Lesson 23	조동사(4) – should	114
Lesson 24	조동사(5) – 허가, 부탁, 제안, 권유	118

Lesson 25	비교(1) – 비교급 비교	122
Lesson 26	비교(2) – 최상급 비교	127
Lesson 27	비교(3) – 원급 비교	131
Lesson 28	부정사(1) – to부정사와 동명사	135
Lesson 29	부정사(2) – 동사+목적어+to부정사	140
Lesson 30	부정사(3) – to부정사의 부사적 용법, 형용사적 용법	144
Lesson 31	수동태	148
Lesson 32	지각동사·사역동사	153
Lesson 33	시간을 나타내는 종속접속사 – when, before, after, while	157
Lesson 34	관계대명사(1) – 주격관계대명사 who	162
Lesson 35	관계대명사(2) – 주격관계대명사 which, that	166
Lesson 36	관계대명사(3) – 목적격관계대명사 who(whom), which, that	170
Lesson 37	관계대명사(4) – 소유격관계대명사 whose	175
Lesson 38	조건문과 가정법 과거	180
Lesson 39	가정법 과거완료	185
Lesson 40	화법	189

Grammar Plus 차례

- 문장·문장의 구성 〈12〉
- 인칭대명사 〈14〉
- 주격·소유격·목적격 〈17〉
- 인칭대명사의 격 변화 〈22〉
- 현재형이 나타내는 의미 〈26〉
- 형용사와 부사·관사 〈31〉
- 평서문과 의문문 〈46〉
- 현재분사와 과거분사 〈51〉
- 문장의 종류·구와 절·전치사 〈56〉
- 조동사 〈65〉
- 의문사가 있는 의문문·품사에 관하여 〈83〉
- 역할과 주요소 〈88〉
- 단문, 중문, 복문 〈93〉
- 자동사·타동사와 완전동사·불완전동사 〈98〉
- 음절 〈124〉
- 준동사·부정사의 용법이란? 〈137〉
- 능동태와 수동태 〈150〉
- 접속사 〈159〉
- 관계대명사의 격 〈172〉
- 관계대명사 〈177〉
- 가정법 〈182〉
- 명령문의 간접화법·의문사가 있는 의문문의 간접화법·Yes/No 의문문의 간접화법 〈191〉

해답편 ··· 195

회화를 위한 영문법

My name is Jane.
제 이름은 제인이에요.

LESSON be동사 현재형

STEP 1 Key Sentences

다음을 영어로 말할 수 있습니까?

1. 나는 의사입니다.
2. 피곤하세요?
3. 그의 책은 책상 위에 있습니다.

1. **I am a doctor.**
2. **Are you tired?**
3. **His book is on the desk.**

STEP 2 Grammar Points

🔵 '~이다.' '~에 있다'라고 사람이나 사물에 관한 정보를 줄 때는 be동사를 씁니다. be동사 현재형에는 am, are is가 있고 어느 것을 쓰는가는 주어의 인칭과 단수·복수에 따라 정해집니다.

1. 주어+be동사 현재형+명사(형용사). 〈…은 ~이다.〉
   - I am a doctor. 나는 의사이다.
   - He is busy now. 지금 그는 바쁘다.

2. 주어+be동사 현재형+장소를 나타내는 말. 〈…은 ~에 있다.〉
   - Tom is in Seoul now. 톰은 지금 서울에 있다.
   - His book is on the desk. 그의 책은 책상 위에 있다.

🔵 '~가 아니다.'라는 be동사 현재형 부정문은 be동사 뒤에 not을 씁니다.
   - I am not a singer. 나는 가수가 아니다.
   - She is not beautiful. 그녀는 예쁘지 않다.

- Our English teacher is not in Korea now.
  지금 영어 선생님은 한국에 안 계시다.

🔵 '~인가요?'라는 be동사 현재형 의문문은 be동사와 주어의 위치를 바꾸고 문장 끝에 물음표를 붙입니다.

- Are you a college student? 당신은 대학생인가요?
- Is she from China? 그녀는 중국에서 왔나요?
- Are you tired? 피곤하세요?

대답할 때는 Yes, No를 쓰고 am, are, is로 대답합니다.

- Is this the bus to Los Angeles? 이 버스가 로스앤젤레스로 가나요?
  - Yes, it is. 네, 그렇습니다.
  - No, it isn't. 아뇨, 아닙니다.

🔵 **be동사 현재형 문장 패턴**

인칭/수		긍정문	부정문	의문문
1인칭	단수	I am	I am not	Am I ~?
	복수	We are	We are not	Are we ~?
2인칭	단수	You are	You are not	Are you ~?
	복수	You are	You are not	Are you ~?
3인칭	단수	He(She, It) is	He(She, It) is not	Is he(she, it) ~?
	복수	They are	They are not	Are they ~?

🔵 **축약형**

be동사는 특별한 의미가 없는 동사이므로 회화에서는 be동사와 주어를 줄여서 쓰는 축약형이 쓰입니다. 발음할 때도 be동사는 약하게 발음되므로 잘 들리지 않습니다.

I am → I'm
You are → You're
He is → He's
She is → She's
It is → It's
We are → We're
They are → They're

I am not → I'm not
You are not → You're not 또는 You aren't
He is not → He's not 또는 He isn't
She is not → She's not 또는 She isn't
It is not → It's not 또는 It isn't
We are not → We're not 또는 We aren't
They are not → They're not 또는 They aren't

1. be동사 현재형

STEP 3 Conversation

Chanho: Jane. This is my friend, Sally.

Jane: Hello, Sally. My name is Jane. I am from Canada. Are you a high school student?

Sally: No, I'm not. I'm a college student.

> 찬호: 제인. 여긴 내 친구인 샐리야. / 제인: 안녕하세요, 샐리. 전 제인이에요. 캐나다에서 왔어요. 고등학생이세요? / 샐리: 아뇨, 대학생이에요.

Grammar Plus

문장

단어를 일정한 법칙과 순서에 따라 배열해서 하나의 완성된 의미를 표현하는 것을 문장이라고 합니다.
문장에서 주체가 되는 부분(~은, ~이, ~가)을 주부라고 하고, 주부의 동작이나 상태를 설명하는 부분을 술부(~이다, ~하다)라고 합니다.

문장의 구성

- **주어**: 주부의 중심이 되는 말로 주어가 될 수 있는 것은 명사, 대명사, 명사구, 명사절이 있습니다.

- **술어동사**: 술부의 중심이 되는 말로 보통 조동사를 포함하여 동사라고 합니다.

- **목적어**: 동사의 행동이 영향을 미치는 대상으로 우리말의 '을, ~를'에 해당하는 말입니다. 또한 목적어에는 우리말의 '을, ~를'에 해당하는 직접목적어, '~에게'에 해당하는 간접목적어가 있습니다.

- **보어**: 동사만으로는 문장이 불완전할 때 동사를 보충해서 주어나 목적어를 설명해주는 말을 보어라고 합니다. 명사나 형용사 등이 보어로 쓰입니다.

- **수식어**: 문장의 주요소를 앞뒤에서 설명해주는 말을 수식어라고 합니다. 수식어에는 형용사, 부사, 형용사구, 부사구가 있습니다.

※ 문장의 주요소란 주어·동사·목적어·보어를 말합니다.

STEP 4 Exercise

해답 196쪽

① 다음 (예)와 같이 축약형을 쓰세요.

　예 She is　　　　　She's
1. We are　　　　　_____
2. I am　　　　　　_____
3. It is not　　　　_____　_____
4. You are not　　 _____　_____
5. They are not　　_____　_____

② am, are, is를 넣어 문장을 완성하고, 그것이 무엇(누구)인지 ①~③에서 골라 영어로 답하세요.

1. We _are_ seventeen. We _____ in Korea. We _____ in this class.
   　① students　　② frogs　　③ teachers
   　답 We _____.

2. I _____ slim. I _____ good-looking. I _____ tall.
   　① a fashion model　② an engineer　③ a pro wrestler
   　답 I _____.

3. They _____ cute. They _____ gray. They _____ from Australia.
   　① Koalas　　② kangaroos　　③ pandas
   　답 They _____.

3. (예)와 같이 am, are, is를 넣어 의문문을 만들고 그 물음에 대답해 보세요.

예 (America, a big country)
→ _Is America a big country?_   Yes, it is.

1. (Montreal, in Canada)
→ _____   _____

2. (the Pacific Ocean, near New York)
→ _____   _____

3. (Rome and Baghdad, new cities)
→ _____   _____

4. (Seoul, the capital of Korea)
→ _____   _____

5. (I, smart)
→ _____   _____

Grammar Plus

인칭대명사
주로 사람을 나타내는 말 대신 쓰는 대명사를 인칭대명사라고 합니다. 인칭에는 1인칭, 2인칭, 3인칭의 세 종류가 있습니다.
① 1인칭: 말을 하는 본인. 단수는 I, 복수는 we
② 2인칭: 듣고 있는 상대방. 단수, 복수 모두 you
③ 3인칭: ①, ② 이외의 모든 사람 또는 사물. he, she, it, this, they 등

I live in Korea.
난 한국에 살고 있어요.

LESSON 일반 동사 현재형

STEP 1 Key Sentences

다음을 영어로 말할 수 있습니까?

1. 그녀는 4개 국어를 합니다.
2. 나는 골프를 좋아하지 않습니다.
3. 운전을 하세요?

1. **She speaks four languages.**
2. **I don't like golf.**
3. **Do you drive a car?**

STEP 2 Grammar Points

😊 I speak English.에서 speak을 동사라고 하며, 동사의 현재형은 현재의 동작이나 상태를 표현할 때 씁니다.

- I live in Korea. 난 한국에 살고 있다.
- She speaks four languages. 그녀는 4개 국어를 한다.
- He rides the subway to the office. 그는 지하철로 출근한다.

😊 현재형은 주로 습관적이고 규칙적인 일을 표현할 때 씁니다. 이때는 always(항상), usually(평소), often(자주), sometimes(때때로), hardly ever(거의 ~않다), never(결코 ~하지 않다) 등과 함께 쓰일 때가 많습니다.

always	usually	often	sometimes	hardly ever	never
100%	90%	70%	30%	5%	0%

- I always watch TV after dinner. 나는 항상 저녁을 먹고 나서 텔레비전을 본다.

💧 be동사와 have동사 외의 일반 동사의 현재형은 주어가 3인칭 단수일 때만 제외하고 동사의 원형과 같습니다. 주어가 3인칭 단수일 때는 어미에 s 또는 es를 붙입니다. have 동사는 주어가 3인칭 단수이고 현재형일 때는 has로 바뀝니다.

동사에 -s 또는 -es를 붙이는 방법은 다음과 같습니다.

대부분의 동사	동사원형에 -s를 붙인다.	run → runs like → likes	know → knows
-s, -sh, -ch, -o, -x로 끝나는 동사	동사원형에 -es를 붙인다.	watch → watches finish → finishes	go → goes
자음+y로 끝나는 동사	y를 i로 바꾸고 -es 를 붙인다.	study → studies worry → worries	fly → flies

💧 동사의 원형+-s(es)는 다음과 같이 발음합니다.

동사의 어미가 [p], [t], [k], [f], [θ] 등 무성음으로 끝나는 말	[s]	sleep _ sleeps laugh _ laughs	write _ writes
동사의 어미가 [d], [l], [m], [n] 등 유성음으로 끝나는 말	[z]	rub _ rubs drive _ drives	ride _ rides
동사의 어미가 [s], [z], [dʒ], [tʃ] 등으로 끝나는 말	[iz]	push _ pushes fix _ fixes	teach _ teaches

💧 일반 동사의 현재형 부정문(~하지 않습니다)은 do의 도움을 받아 만듭니다. do는 주어에 따라 do나 does로 씁니다. 주어가 3인칭 단수가 아닐 때는 동사 앞에 don't(do not)를 쓰고 주어가 3인칭 단수일 때는 동사 앞에 doesn't(does not)를 씁니다.
- I don't(do not) like golf. 나는 골프를 좋아하지 않는다.
- She doesn't(does not) drink coffee. 그녀는 커피를 안 먹는다.

💧 일반 동사의 현재형 의문문(~합니까?)도 do의 도움을 받아 만듭니다. 주어가 3인칭 단수가 아닐 때는 Do+주어+동사원형 ~? 형태가 되고 주어가 3인칭 단수일 때는 Does+주어+동사원형 ~? 형태가 됩니다.
- Do you drive a car? 차를 운전하세요?
- Does he like tennis? 그는 테니스를 좋아하나요?

일반 동사 현재형 문장 패턴

인칭/수		긍정문	부정문	의문문
1인칭	단수	I work	I don't work	Do I work ~?
	복수	We work	We don't work	Do we work ~?
2인칭	단수	You work	You don't work	Do you work ~?
	복수	You work	You don't work	Do you work ~?
3인칭	단수	He works	He doesn't work	Does he work?
	복수	They work	They don't work	Do they work ~?

don't → do not

STEP 3 Conversation

Tourist: Excuse me, do you speak English?

Chanho: No, I don't.

Chanho's friend: I speak English.

Tourist: That's great. I'm a tourist, and ...

여행자: 실례지만, 영어를 하세요? / 찬호: 못 해요. / 찬호 친구: 제가 영어를 합니다. / 여행자: 잘 됐네요. 전 여행자인데요, …

Grammar Plus

주격·소유격·목적격

명사나 대명사가 문장 속에서 다른 말과 어떤 관계가 있는 지를 나타내는 문법적인 관계를 격이라고 합니다. 격에는 주격·소유격·목적격이 있습니다.

- 주격: '~은, ~이'라는 의미로 문장의 주어, 주격보어로 쓰입니다.
- 소유격: '~의'라는 의미로 소유자·행위자·용도를 나타냅니다.
- 목적격: '~을, ~에게'라는 의미로 동사와 전치사의 목적어, 목적보어로 쓰입니다.

STEP 4 Exercises

해답 196쪽

1. 주어진 말을 써서 그림과 어울리는 문장을 만드세요.

   1. speak

       She ___speaks___ English.

       He _____ _____ English.

   2. like

       They _____ ice cream.

       They _____ _____ trotters.

      ※ trotter: 돼지 족발

   3. have

       I _____ a car.

       She _____ _____ a car.

   4. drink

       _____ you _____ Coke?

       _____ she _____ Coke?

2 ( ) 안의 말과 보기에 있는 동사를 써서 문장을 만드세요.

1. (Korea, cars)   Korea exports cars.
2. (Pandas, in China)   _____
3. (The banks, on Sundays) _____
4. (Monkeys, English)   _____
5. (The sun, the earth)   _____

보기: export   live   study   open   go around

3 다음은 회사원 Jane의 하루를 나타낸 그림입니다. 보기에 있는 동사를 써서 문장을 완성하세요.

1.
2.
3.

4.
5.

1. Jane is an office worker. She gets up at seven.
2. Her work _____ at seven thirty.
3. Her work _____ at five o'clock.
4. She _____ dinner at eight.
5. She _____ to bed at nine o'clock.

보기: start   finish   get up   go   eat

2. 일반 동사 현재형

I am watching TV now.
지금 나는 텔레비전을 보고 있어요.

LESSON 현재진행형

STEP 1 Key Sentences

다음을 영어로 말할 수 있습니까?

1. 지금 나는 커피를 한 잔 마시고 있어요.
2. 밖에 비가 오고 있나요?
3. 그는 자기 방에서 공부하고 있지 않아요.

1. **I am drinking a cup of coffee now.**
2. **Is it raining outside?**
3. **He is not studying in his room.**

STEP 2 Grammar Points

 '지금 ~하고 있다' '~하는 중이다'라고 현재 진행 중인 동작이나 상태를 말할 때는 〈현재진행형(be동사 현재형+동사의 -ing형)〉을 씁니다.

- **drink**(마시다)　　I am drinking a cup of coffee now.
  지금 나는 커피를 한 잔 마시고 있다.
- **cook**(요리하다)　　I am cooking. 나는 요리 중이다.
- **have**(먹다)　　We are having dinner now. 지금 우리는 저녁을 먹는 중이다.

 현재진행형 부정문은 be동사 뒤에 not을 써서 주어+be동사+not+동사의 -ing형 ~.이 됩니다.

- He is not studying in his room. 그는 자기 방에서 공부하고 있지 않다.
- Tom isn't washing the car now. 지금 톰은 세차하고 있지 않다.
- They aren't playing tennis now. 지금 그들은 테니스를 치고 있지 않다.

🔵 현재진행형 의문문은 be동사와 주어의 위치를 바꿔 Be동사+주어+동사의 -ing형 ~?이 됩니다.

- Are you reading a book? 책을 읽는 중이세요?
- Is Tom skating? 톰은 스케이트를 타고 있나요?
- Is it raining outside? 밖에 비가 오고 있나요?

🔵 동사의 -ing형 만드는 방법은 다음과 같습니다.

대부분의 동사	동사원형에 -ing를 붙인다.	listen → listening wait → waiting	read → reading
-e로 끝나는 동사	e를 없애고 -ing를 붙인다.	come → coming have → having	write → writing
'단모음+단자음'으로 끝나는 동사	마지막 자음을 한 번 더 쓰고 -ing를 붙인다.	run → running swim → swimming	sit → sitting
-ie로 끝나는 동사	ie를 y로 고치고 -ing를 붙인다.	die → dying lie → lying	tie → tying

🔵 현재진행형 문장 패턴

인칭/수		긍정문	부정문	의문문
1인칭	단수	I'm eating	I'm not eating	Am I eating?
	복수	We're eating	We're not eating	Are we eating?
2인칭	단수	You're eating	You're not eating	Are you eating?
	복수	You're eating	You're not eating	Are you eating?
3인칭	단수	He's eating	He's not eating	Is he eating?
	복수	They're eating	They're not eating	Are they eating?

※ 축약형은 Lesson 1을 참고하세요.

STEP 3 Conversation

Mom: The telephone is ringing. Someone, please answer the phone.
Bill: I'm having a shower now.
Dad: I'm cooking right now.
Mom: Oh, no! I can't, either. I'm watching TV now.

> 어머니: 전화 왔어. 누가 좀 받아 줘. / 빌: 전 지금 샤워 중이에요. / 아버지: 난 지금 요리하고 있어. / 어머니: 이런! 나도 못 받아. 지금 텔레비전을 보는 중이야.

Grammar Plus

인칭대명사의 격 변화

인칭대명사는 문장에서의 쓰임에 따라 모양이 달라지는데 이를 격 변화라고 합니다.
예를 들어 보겠습니다. he는

He loves his wife, and she loves him, too.

- 주어로 쓰일 때는 주격
- 소유의 뜻으로 쓰일 때는 소유격
- 목적어로 쓰일 때는 목적격

그는 아내를 사랑하고, 그의 아내도 그를 사랑한다.

인칭	수	주격(~은, ~가)	소유격(~의)	목적격(~을, ~에게)
1인칭	단수	I	my	me
	복수	we	our	us
2인칭	단수	you	your	you
	복수	you	your	you
3인칭	단수	he	his	him
		she	her	her
		it	its	it
	복수	they	their	them

STEP 4 Exercises

해답 197쪽

1. 그림의 내용과 맞도록 보기에 있는 말로 현재진행형 문장을 완성하세요.

1. Hurry up. The bus is coming .

2. Wow! It _____.

3. Please be quiet. I _____ the newspaper.

4. Look. They _____.

5. A: _____ the parrot _____ Korean?
   B: No, the parrot _____ English!

보기: is   am   are
       speaking   snowing   sleeping   coming   reading   speaking

3. 현재진행형

2 ( ) 안의 말을 써서 대화를 완성하세요.

1. 2. 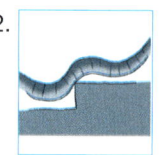 3.

A: Hey, what's this animal in picture 1?
B: ___Is a koala climbing a tree___? (a koala, climb a tree)
A: Yes, it is. A koala is climbing a tree. You're so clever. What about this in picture 2?
B: It's easy. _____? (a snake, go upstairs)
A: Right. What about this in picture 3?
B: _____? (a snail, move)
A: No, They are Mexicans.
   _____. (Nine Mexicans, climb up a mountain.)

3 하이드파크에서 Nancy가 Jane에게 보낼 엽서를 쓰고 있습니다. 보기의 말의 써서 문장을 완성하세요.

August 15

Dear Jane,

How are you? I _am sitting_ on a bench in Hyde Park and _____ a letter. This park is so big. Two boys _____ soccer. A girl _____ a book. The police officer _____ the birds. I'm having a good time in London.

　　　　　　　　　　　Love,
　　　　　　　　　　　Nancy

보기: **write**　　read　　sit　　play　　feed

LESSON 04

Doorie eats fish but today she's eating a cake.
두리는 생선을 먹지만, 오늘은 케이크를 먹고 있어요.

현재형과 현재진행형

STEP 1 Key Sentences

다음을 영어로 말할 수 있습니까?

1. 매주 일요일 잭은 테니스를 칩니다.
2. 지금 잭은 밥과 테니스를 치고 있어요.
3. 여름에는 비가 많이 옵니다.

1. **Jack plays tennis every Sunday.**
2. **Jack is playing tennis with Bob now.**
3. **It rains a lot in the summer.**

STEP 2 Grammar Points

● 현재형은 반복되는 행동이나 습관을 나타낼 때 쓰고, 현재진행형은 말하고 있는 순간에 진행되고 있는 일을 나타낼 때 씁니다.

- Jack plays tennis every Sunday. 매주 일요일 잭은 테니스를 친다.
- Jack is playing tennis with Bob now. 지금 잭은 밥과 테니스를 치고 있다.

● 현재진행형은 동작이나 행동을 나타내는 동사에만 쓰므로 상태를 나타내는 동사(be동사, have(가지고 있다), know, like, love, hate, want, understand 등)나 지각을 나타내는 동사(see, hear, smell, taste 등)는 진행형으로 쓰지 않습니다.

- I know her telephone number. \<am knowing ×\>
  그녀의 전화번호를 알고 있다.
- I understand your problem. \<are understanding ×\>
  당신 문제를 알겠어요.
- He likes English. \<is liking ×\>
  그는 영어를 좋아한다.

- They hate jazz. <are hating ×>
  그들은 재즈를 싫어한다.

STEP 3 Conversation

Tom: Look, Nancy! Your cat Doorie is eating a cake. Does she often eat cake?

Nancy: No, she usually eats fish. But, today, it's her birthday. So, she's eating her birthday cake now.

> 톰: 낸시, 저기 봐! 네 고양이 두리가 케이크를 먹고 있어. 케이크를 자주 먹니? / 낸시: 아니, 대개 생선을 먹는데 오늘은 고양이 생일이야. 그래서 지금 생일 케이크를 먹고 있는 거지.

Grammar Plus

현재형이 나타내는 의미

- 현재의 사실·동작·상태를 나타냅니다.
  The post office stands next to the police station.
  우체국은 경찰서 옆에 있다.
  Tom is very angry.
  톰은 매우 화가 나 있다.

- 항상 하고 있는 습관이나 반복적인 행동을 나타냅니다.
  Jim goes swimming almost every Saturday.
  짐은 거의 매주 토요일 수영하러 간다.

- 변하지 않는 사실이나 진리를 나타냅니다.
  The earth goes around the sun.
  지구는 태양 주위를 돈다.
  It rains a lot in the summer.
  여름에는 비가 많이 온다.

STEP 4 Exercises

해답 197쪽

① 그림과 어울리는 문장을 고르고 빈 곳에 알맞은 말을 넣어 문장을 완성하세요.

1. a   b
   (a) My baby is drinking wine now.
   (   ) My baby usually _____ milk.

2. a   b
   (   ) He usually drives a van.
   (   ) He is _____ a sports car now.

3. a   b
   (   ) It _____ a lot in July.
   (   ) It is raining hard now.

② 그림을 보고 질문에 대답하세요.

1. a science teacher / play golf

   Does she teach science?
   Yes, she does. She teaches science.

   Is she teaching science now?
   No, she isn't. She's playing golf now.

2. a pro soccer player / clean the house

   Does he play soccer?
   _____

   Is he playing soccer now?
   _____

3. some pilots / sing at a Noraebang

   Do they fly jets?
   _____

   Are they flying jets now?
   _____

3 ( ) 안의 말을 써서 문장을 완성하세요.

1. Ellen and her mother __live__ in Los Angles.(live) Her mother, Rosa, is a pop singer. She _____ all over the world.(sing) Now she _____ in Seoul for a concert.(stay)

2. *on the phone*

    Ellen: Hello, Mom.
    Mom: Oh, hello, Ellen. How are you?
    Ellen: I'm O.K. What time is it now in Seoul?
    Mom: It is nine o'clock, Ellen. What _____ you _____ now? (do)
    Ellen: I _____ TV games now. (play)
    Mom: Good. I _____ a new song now. (write) It's a song in Korean.
    Ellen: Good luck tomorrow.

4 잘못 쓰인 곳을 찾아 바르게 고쳐 쓰세요.

1. Do you like English?
   Yes, I do. I'm understanding English lessons well.
   __Yes, I do. I understand English lessons well.__

2. Is she your friend?
   Yes, I'm knowing her very well.
   _____

3. Is jazz your favorite music?
   Yes, I'm liking it.
   _____

LESSON 05

They were in America last week.
지난 주에 그들은 미국에 있었어요.

be동사 과거형

STEP 1 Key Sentences

다음을 영어로 말할 수 있습니까?

1. 어제는 날씨가 좋았다.
2. 어제 오전에 그녀는 집에 있었나요?
3. 지난 일요일에 그들은 여기 없었다.

1. **The weather was nice yesterday.**
2. **Was she at home yesterday morning?**
3. **They weren't here last Sunday.**

STEP 2 Grammar Points

- '~였다' '~에 있었다'라는 과거의 상태나 상황을 표현할 때는 be동사 과거형(was, were)을 씁니다. am, is의 과거형은 was이고, are의 과거형은 were입니다.
  - The weather was nice yesterday. 어제는 날씨가 좋았다.
  - He was sick yesterday. 어제 그는 아팠다.
  - They were in America last week. 지난 주에 그들은 미국에 있었다.

- '~이지 않았다' '~에 있지 않았다'라는 부정문은 be동사 과거형+not 형태로 씁니다.
  - It wasn't fine yesterday. 어제는 날씨가 좋지 않았다.
  - They weren't here last Sunday. 지난 일요일에 그들은 여기 없었다.

- '~였나요?' '~에 있었나요?'라는 의문문은 주어와 동사의 위치를 바꿔 Was(Were)+주어 ~? 형태로 씁니다.
  - Was she at home yesterday morning? 어제 오전에 그녀는 집에 있었나요?
  - Were you tired last night? 어젯밤에 피곤했어요?

🔵 과거형은 과거를 나타내는 다음과 같은 말과 함께 쓸 때가 많습니다.

yesterday(어제)　　　　　　　　　the day before yesterday(그저께)
three days ago(사흘 전)　　　　　 last night(어젯밤)
last week(지난 주)　　　　　　　　last month(지난 달)
in the old days(예전에)

🔵 be동사 과거형 문장 패턴

인칭/수		긍정문	부정문	의문문
1인칭	단수	I was	I was not	Was I ~?
	복수	We were	We were not	Were we ~?
2인칭	단수	You were	You were not	Were you ~?
	복수	You were	You were not	Were you ~?
3인칭	단수	He was	He was not	Was he ~?
	복수	They were	They were not	Were they ~?

축약형

I was not → I wasn't　　　　　　You were not → You weren't
He was not → He wasn't　　　　They were not → They weren't

STEP 3　Conversation　　🔊 mp3 05

Chanho: Good morning, Jane. Were you at the meeting yesterday?
Jane: No, I wasn't.
Chanho: Were you sick?
Jane: Yes, I was. But I'm better now.

찬호: 안녕, 제인. 어제 모임에 갔었어? / 제인: 못 갔어. / 찬호: 몸이 아팠어? / 제인: 그래. 하지만 지금은 좋아졌어.

Grammar Plus

형용사와 부사

형용사는 명사(대명사)의 성질·모양·크기·수량·색깔 등을 설명할 때 쓰는 품사입니다. 형용사가 명사를 설명하는 방법은 두 가지가 있습니다.

- 〈형용사+명사〉 형태로 명사 앞에서 명사를 설명한다.
  Soccer is my favorite sport. 축구는 내가 가장 좋아하는 스포츠이다.
  ※ something+형용사: -thing으로 끝나는 말은 형용사를 뒤에 씁니다.

- 〈주어+be동사 등+형용사〉 형태로 be동사나 look, become 등의 동사 뒤에 쓰여 주어를 설명한다.
  The girl is very kind. 그 소녀는 매우 친절하다.
  You look happy. 당신은 행복해 보인다.

시간·장소·상태 등을 나타내어 동사를 수식하는 말을 부사라고 합니다. 대부분의 부사는 형용사에 -ly를 붙여 만들지만 very, really, quite처럼 원래 부사인 것도 있습니다. 일반적으로 부사의 위치는 수식하는 말의 앞뒤에 가까이 쓰는 것이 원칙이지만 경우에 따라 바뀌기도 합니다.

- 동사를 수식할 때는 대개 동사 뒤에, 형용사나 부사를 수식할 때는 그 앞에 씁니다.
  He went there yesterday. 어제 그는 거기에 갔다. 〈동사 수식〉
  He is very kind. 그는 매우 친절하다. 〈형용사 수식〉
  He sings very well. 그는 노래를 매우 잘 한다. 〈부사 수식〉

- 빈도를 나타내는 부사(always, often, usually, sometimes, never)는 일반 동사 앞, be동사나 조동사 뒤에 씁니다.
  Tom is always kind to me. 톰은 항상 내게 친절하다.
  He sometimes forgets to eat lunch. 그는 가끔 점심 먹는 걸 잊는다.

관사

관사는 명사 앞에 붙여 씁니다. 관사에는 부정관사 a, an, 정관사 the가 있습니다.

- 부정관사(a, an)
  '(어떤) 하나의'라는 의미가 있으므로 셀 수 있는 명사의 단수형 앞에 붙입니다. 자음으로 시작하는 말 앞에는 a, 모음으로 시작하는 말 앞에는 an을 씁니다.

- 정관사(the)
  '그'라는 의미로 앞에서 이미 언급한 명사나 특정한 상황에서 서로 알 수 있는 명사, 특정할 수 있는 명사 앞에 붙입니다. 셀 수 없는 명사나 복수형에도 쓰입니다.

STEP 4 Exercises

해답 198쪽

① 다음 사람들의 직업을 보기에서 고르고, was나 were를 써서 문장을 완성하세요.

1. Mozart and Beethoven
   (①) Mozart and Beethoven were composers.

2. Elvis Presley
   (   ) _____

3. Picasso and van Gogh
   (   ) _____

4. William Shakespeare
   (   ) _____

5. Albert Einstein and Marie Curie
   (   ) _____

보기: ① composers   ② a writer   ③ scientists   ④ a singer   ⑤ artists

② 오늘은 월요일입니다. 그림을 보고 Ellen 가족의 일을 일요일이었던 어제와 비교하면서 문장을 완성하세요.

SUNDAY

1. Yesterday was Sunday.
2. It _____ sunny.
3. Ellen _____ at Disneyland.
4. Her father _____ lazy at home.
5. The cats _____ on holiday.

MONDAY

1. Today _is_ Monday.
2. It _____ cloudy.
3. Ellen _____ at school.
4. Her father _____ busy in the office.
5. The cats _____ on holiday.

③ ( ) 안의 말을 써서 최근에 한 여행에 관해 묻고 그 대답을 써 보세요.

1. (your hotel, OK)
   Was your hotel OK?
   _____

2. (your room, clean)
   _____
   _____

3. (the weather, nice)
   _____
   _____

4. (the people, friendly)
   _____
   _____

3. (the shops, good)
   _____
   _____

LESSON 06 — I went to the concert yesterday.
어제 나는 콘서트에 갔었어요.

일반 동사 과거형

STEP 1 Key Sentences

다음을 영어로 말할 수 있습니까?

1. 회의는 4시에 끝났다.
2. 어제 나는 텔레비전을 보지 않았다.
3. 점심 먹고 나서 이 닦았어요?

1. **The meeting ended at 4.**
2. **I didn't watch television yesterday.**
3. **Did you brush your teeth after lunch?**

STEP 2 Grammar Points

- '~했었다'고 과거에 있었던 일을 표현할 때는 동사의 과거형을 씁니다.

  - I went to the concert. 〈go(가다) - went(갔었다)〉
    나는 콘서트에 갔었다.
  - Nancy walked to school yesterday. 〈walk(걷다) - walked(걸었다)〉
    어제 낸시는 걸어서 학교에 갔다.

- 과거형은 과거를 나타내는 yesterday(어제), last month(지난 달), last year(작년), two years ago(2년 전), in 2014(2014년에) 등과 같은 말과 함께 쓰일 때가 많습니다.

  - I graduated from college two years ago. 2년 전에 대학을 졸업했다.
  - I got a job last year. 작년에 취업했다.
  - The meeting ended at 4. 회의는 4시에 끝났다.

- 부정문은 동사 앞에 did not을 넣고 동사는 원형을 써서 did not+동사원형 형태로 씁니다. did not의 축약형은 didn't가 됩니다.

  - I didn't watch television yesterday. 어제 텔레비전을 보지 않았다.

😊 의문문은 주어 앞에 Did를 넣고 동사는 원형으로 써서 Did+주어+동사원형 ~? 형태로 씁니다. 대답할 때도 did를 써서 대답합니다.

- Did you brush your teeth after lunch? 점심 먹고 이 닦았어요?
  - Yes, I did. 네, 닦았어요.
  - No, I did not(didn't). 아뇨, 안 닦았어요.

😊 동사의 과거형을 만드는 방법은 다음과 같습니다.

대부분의 동사	동사원형에 -ed를 붙인다.	work → worked play → played need → needed
단자음+-e로 끝나는 동사	-d만 붙인다.	love → loved smile → smiled dance → danced
단모음+단자음으로 끝나는 동사	자음글자를 한 번 더 쓰고 -ed를 붙인다.	drop → dropped stop → stopped rub → rubbed
단자음+-y로 끝나는 동사	y를 i로 고치고 -ed를 붙인다.	study → studied carry → carried cry → cried

😊 동사 중에는 -ed형(규칙변화)으로 하지 않고 불규칙하게 변하는 것이 있습니다.

come(오다) → came   do(~을 하다) → did
eat(먹다) → ate   go(가다) → went
take(손에 잡다) → took   have(가지고 있다, 먹다) → had
ride(타다) → rode   swim(헤엄치다) → swam
meet(만나다) → met

😊 과거형 어미 -ed는 [t], [d], [id]로 발음됩니다.

원형의 발음이 [d], [t]로 끝나는 동사	[id]	need - needed want - wanted
원형의 발음이 [p], [f], [k], [s], [tʃ] 등 무성음으로 끝나는 동사	[t]	help - helped laugh - laughed guess - guessed
원형의 발음이 [l], [m], [n] 등 유성음으로 끝나는 동사	[d]	live - lived seem - seemed rub - rubbed

6. 일반 동사 과거형

일반 동사 과거형 문장 패턴

인칭/수		긍정문	부정문	의문문
1인칭	단수	I played	I didn't play	Did I play ~?
	복수	We played	We didn't play	Did we play ~?
2인칭	단수	You played	You didn't play	Did you play ~?
	복수	You played	You didn't play	Did you play ~?
3인칭	단수	He played	He didn't play	Did he play ~?
	복수	They played	They didn't play	Did they play ~?

didn't → did not

STEP 3 Conversation

Bill: Did you have a good weekend?

Sumi: Yes, it was great. I played a new TV game on Saturday and I went to the concert yesterday. But I didn't study for the test. Did you study for it?

Bill: Yes, I studied all weekend.

빌: 주말 잘 지냈어? / 수미: 아주 재미있게 지냈어. 토요일에는 새로 산 TV게임을 했고 어제는 콘서트에 갔었어. 그런데 시험공부를 못했어. 넌 시험 공부했어? / 빌: 난 주말 내내 공부했어.

STEP 4 Exercises

해답 199쪽

1 다음 동사의 과거형을 쓰세요.

1. get   got
2. eat   _____
3. make _____
4. give _____
5. go   _____
6. sit   _____
7. buy   _____
8. know _____
9. stand _____
10. take _____
11. tell _____
12. think _____

2 수미의 지난 주 일정표를 보고 그녀가 무슨 일을 했는지 문장을 완성하세요.

- Thursday: study for the driving test
- Friday: visit my grandmother in the hospital
- Saturday: meet Tom in Itaewon
- Sunday: go shopping with Helen

1. On Thursday she studied for the driving test.
2. On Friday _____
3. On Saturday _____
4. On Sunday _____

3 다음을 의문문으로 고치세요.

1. I slept well last night.

   Did you _____?

2. I watched TV yesterday.

   _____?

3. I had a big breakfast this morning.

   _____?

6. 일반 동사 과거형

4. I went to the movies last week.

   _____?

5. I did housework last Sunday.

   _____?

6. I had a good weekend.

   _____?

4] 조선시대 사람들의 생활을 그린 그림입니다. 틀린 그림을 찾아 보기에 있는 동사를 써서 문장을 완성하세요.

1. The girls didn't wear mini-skirts. They wore Hanbok.
2. People _____ bread. They _____ rice.
3. People _____ on beds. They _____ on the floor.
4. People _____ on bicycles. They _____ on horses.
5. The women _____ short hair. They had long hair.
6. People _____ air conditioners. They used fans in the summer.

| 보기: | sleep | eat | ride | use | have | wear | play |

It was raining outside.
밖에는 비가 오고 있었어요.

LESSON 과거진행형

STEP 1 Key Sentences

다음을 영어로 말할 수 있습니까?

1. 어젯밤 11시에 나는 저녁을 먹고 있었다.
2. 밖에는 비가 오고 있었다.
3. 그들은 버스를 기다리고 있었나요?

1. **I was having dinner at eleven last night.**
2. **It was raining outside.**
3. **Were they waiting for the bus?**

STEP 2 Grammar Points

- '~하고 있었다'고 과거에 진행되고 있던 일을 나타낼 때는 was(were) + -ing 형태의 과거진행형을 씁니다. 현재진행형과 마찬가지로 be동사와 동사의 -ing형으로 나타내는데, be동사를 과거형인 was나 were로 쓰는 것입니다.

  - I was having dinner at eleven last night.
    어젯밤 11시에 나는 저녁을 먹고 있었다.
  - It was raining outside.
    밖에는 비가 오고 있었다.

- 부정문과 의문문을 만드는 방법은 현재진행형 부정문·의문문 만드는 방법과 같고, be동사를 과거형인 was나 were를 써주면 됩니다.

  - It wasn't raining in Seoul at that time. 그때 서울에는 비가 오고 있지 않았다.
  - Were they waiting for the bus? 그들은 버스를 기다리고 있었나요?

- 과거진행형은 시간을 나타내는 말과 함께 쓰일 때가 많습니다.

7. 과거진행형

- At 4:00 p.m. he was working in the office.
  오후 4시에 그는 회사에서 일하고 있었다.
- At 7:30 p.m. he was having dinner. 오후 7시 30분에 그는 저녁을 먹고 있었다.
- At 10:20 p.m. he was taking a bath. 오후 10시 20분에 그는 목욕을 하고 있었다.

과거진행형 문장 패턴

인칭/수		긍정문	부정문	의문문
1인칭	단수	I was eating	I wasn't eating	Was I eating~?
	복수	We were eating	We weren't eating	Were we eating~?
2인칭	단수	You were eating	You weren't eating	Were you eating~?
	복수	You were eating	You weren't eating	Were you eating~?
3인칭	단수	He was eating	He wasn't eating	Was he eating~?
	복수	They were eating	They weren't eating	Were they eating~?

wasn't → was not
weren't → were not

STEP 3 Conversation

Tom: Guess what?

Helen: What?

Tom: I saw some pro baseball players yesterday.

Helen: Wow! Where?

Tom: They were in a restaurant.

Helen: What were they doing?

Tom: They were eating a very, very big lunch, of course.

> 톰: 있잖아? / 헬렌: 뭐? / 톰: 어제 프로 야구 선수들을 봤어. / 헬렌: 우와! 어디서? / 톰: 식당에 있었어. / 헬렌: 뭘 하고 있었는데? / 톰: 물론 엄청 푸짐한 점심을 먹고 있었지.

STEP 4 Exercises

해답 200쪽

1. 어제 3시 30분에 Bill 가족의 일상을 나타낸 그림입니다. 그들이 각자 어디서 무엇을 하고 있었는지 쓰세요.

1. Rosa

(in her room, write a letter)

2. His mother

(in a department store, shop)

3. Petricia

(in the office, talk on the phone)

4. His grandparents

(in the living room, watch TV)

5. Bill

(in the gym, jump on the trampoline)

1. At 3:30 p.m. yesterday, Rosa __was in her room__.
   She __was writing a letter__.
2. His mother _____. She _____.
3. Patricia _____. She _____.
4. His grandparents _____. They _____.
5. Bill _____. He _____.

② 수업종이 울리고 선생님이 들어오셨을 때 학생들은 무엇을 하고 있습니까? 보기에 있는 동사를 써서 문장을 완성하세요.

1. Cathy and Dolly __were playing__ cards.
2. Bob _____.
3. Dick and Meg _____ on the floor.
4. Sue and Nancy _____ sandwiches.
5. Sally was the only good student.
   She _____ a history book.

보기: eat   sit   play   sleep   read

③ 다음 질문에 (예)와 같이 대답해 보세요.

예 Were you jogging at twelve midnight yesterday?
   No, I wasn't. I wasn't jogging at twelve midnight.

1. Were you sleeping at midnight yesterday?
2. Were you watching TV at 9:30 p.m. last night?
3. Were you eating breakfast at seven o'clock this morning?

LESSON 08

We have already eaten breakfast.
우리는 이미 아침을 먹었어요.

현재완료(완료·결과)

STEP 1 Key Sentences

다음을 영어로 말할 수 있습니까?

1. 나는 우산을 잃어버렸다.
2. 방금 전에 당신에게 이메일을 보냈어요.
3. 벌써 숙제를 다 했어요?

1. I've lost my umbrella.
2. I've just sent you an e-mail.
3. Have you done your homework yet?

STEP 2 Grammar Points

🔵 현재완료는 have나 has에 과거분사를 연결해서 〈have(has)+과거분사〉 형태로 만듭니다. 주어가 3인칭 단수일 때는 has를 씁니다.

- I have lost my umbrella. 나는 우산을 잃어버렸다.
- He has finished his homework. 그는 숙제를 다 끝냈다.

🔵 현재완료 부정문은 have(has) 뒤에 not을 쓰고, 의문문은 have(has)와 주어의 순서를 바꾸면 됩니다.

- He hasn't done it yet. 그는 아직 그것을 하지 않았다.
- Have you had breakfast? 아침식사 했어요?

대답할 때는 Yes, I have. / No, I haven't.처럼 과거분사 이하를 생략해서 간단히 대답할 수도 있습니다.

🔵 어떤 행동을 '지금 막 끝냈다'라는 완료를 표현할 때는 대개 just, already, yet 등의 부사(구)와 함께 쓰일 때가 많습니다.

already와 yet은 '이미, 벌써'라는 의미로 쓰이는데 already는 의문문에서 의외·놀람 나타내어 '벌써, 이렇게 빨리'라는 의미로 쓰이고, yet은 부정문에서는 '아직'이라는 의미가 되고 의문문에서는 '이미, 벌써, 이제 지금'이라는 의미로 쓰입니다.

- We have already eaten breakfast. 우리는 이미 아침을 다 먹었다.
- I have just sent you an e-mail. 방금 전에 당신에게 이메일을 보냈어요.
- Have you done your homework yet? 벌써 숙제를 다 했어요?

🔵 영어의 동사는 기본적으로 원형, 과거, 과거분사, 현재분사라는 네 가지 형태 있습니다. 분사는 원래 동사가 형용사 역할을 할 때의 형태입니다.

과거분사는 규칙동사일 때는 어미에 -ed 또는 -d를 붙여 만듭니다(과거형과 만드는 방법이 같습니다).

원형	과거형	과거분사형
clean(청소하다)	cleaned	cleaned
finish(마치다)	finished	finished
study(공부하다)	studied	studied
stop(멈추다)	stopped	stopped

불규칙 동사인 경우에는 다음과 같은 형태로 나눌 수 있습니다. 이것들은 외워두어야 합니다.

A-B-B형 (과거형과 과거분사가 같음)	lose(잃다) leave(떠나다) have(먹다) make(만들다)	lost left had made	lost left had made
A-B-A형 (원형과 과거분사가 같음)	come(오다) run(달리다)	came ran	come run
A-A-B형 (원형과 과거형이 같음)	beat(이기다)	beat	beaten
A-B-C형 (모두 형태가 다름)	wake(잠깨다) write(쓰다) do(~을 하다) go(가다)	woke wrote did went	woken written done gone
A-A-A형 (모두 같은 형태다)	cut(자르다) put(놓다)	cut put	cut put

😊 do, have에는 do(~을 하다), have(먹다)라는 의미도 있습니다.
- I have done a lot of housework. I'm tired now.
  집안일을 많이 해서 지금 피곤하다.
- I have had a big breakfast. I'm full now.
  아침을 많이 먹어서 지금 배가 부르다.

😊 현재완료 문장 패턴

인칭/수		긍정문	부정문	의문문
1인칭	단수	I have eaten	I have not eaten	Have I eaten ~?
	복수	We have eaten	We have not eaten	Have we eaten ~?
2인칭	단수	You have eaten	You have not eaten	Have you eaten~?
	복수	You have eaten	You have not eaten	Have you eaten~?
3인칭	단수	He has eaten	He has not eaten	Has he eaten~?
	복수	They have eaten	They have not eaten	Have they eaten ~?

축약형

I have eaten → I've eaten
You have eaten → You've eaten
He has eaten → He's eaten
We have eaten → We've eaten

I have not eaten → I haven't eaten
You have not eaten → You haven't eaten
He has not eaten → He hasn't eaten
We have not eaten → We haven't eaten

STEP 3 Conversation

Knock, knock, knock.

Father: Mary! Tom! Hurry up. The train's leaving at 7:30.

Mary: Wait! I haven't brushed my hair yet.

Mother: What! We've already packed our picnic lunch.

Father: And we've already eaten breakfast.
We're waiting for you and Tom.

Mary: But, Tom has just woken up!

> (똑, 똑, 똑) 아버지: 메리! 톰! 서둘러. 7시 반에 열차가 떠나. / 메리: 잠깐만요! 아직 머리도 못 빗었어요. / 어머니: 뭐라고? 벌써 소풍도시락도 싸 놨어. / 아버지: 그리고 아침도 다 먹었어. 너하고 톰을 기다리고 있어. / 메리: 그런데요, 톰은 이제 막 일어났어요.

Grammar Plus

평서문과 의문문

평서문

〈주어+동사〉 어순으로 단순히 사실을 그대로 말하는 문장 형태를 말하고 긍정문과 부정문이 있습니다. 문장 끝에는 마침표(.)를 붙이며 발음할 때는 끝을 내립니다.

의문문

상대방에게 묻는 형식의 문장을 말합니다. 어순은 대개 〈동사+주어(조동사)〉 어순으로 문장이 시작되고 문장 끝에는 물음표(?)를 붙입니다. 의문문에는 의문사가 없는 의문문, 의문사가 있는 의문문, 선택의문문, 부가의문문 등이 있습니다.
의문사가 없는 의문문은 Yes나 No로 대답할 수 있는 의문문으로 보통 문장 끝을 올려 발음합니다. 의문사가 있는 의문문은 의문사로 시작되고 Yes나 No로 대답할 수 없는 의문문으로 문장 끝을 내려서 발음합니다.

STEP 4 Exercises

해답 201쪽

1. 그림을 참고해서 just를 넣어 '이제 막 ~했다'는 문장을 만드세요.

1.

   I / brush / my teeth

   I have just brushed my teeth.
   My teeth are clean now.

2.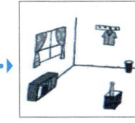

   They / clean / their room

   _____
   The room is tidy now.

3.

   He / lose / his glasses

   _____
   He can't see well now.

4.

   She / cut / her finger

   _____
   Her finger is bleeding now.

5.

   They / finish / dinner

   _____
   They are full now.

8. 현재완료(완료·결과)

2. 다음은 동화 속의 주인공들입니다. 그림을 보고 방금 전에 일어났던 사건을 보기에 있는 말을 알맞게 나열하여 문장을 완성하세요.

1. What has happened to Snow White?

   She has just eaten the poison apple.

   보기: just, the, eaten, poison, She, has, apple

2. What has happened to Aladdin?

   _____

   보기: just, He, lamp, the, has, magic, rubbed

3. What has happened to Sleeping Beauty?

   _____

   보기: The prince, her, kissed, has, just

3. 보기에 있는 동사를 알맞은 형태로 바꿔 문장을 완성하세요.

1. I'm not going to eat any more chocolate this evening.
   I have already eaten three boxes.

2. Is she still working?
   No, she _____ just _____.

3. Where are your children?
   They are tired. They _____ already _____ to bed.

4. Your friends look very sad. Why?
   They _____ just _____ the baseball game.

5. You look scared. Why?
   I _____ just _____ a Dracula-like man.

보기: lose   finish   see   eat   go

LESSON 09 I have never been to France.
나는 프랑스에 가본 적이 없어요.

현재완료(경험)

STEP 1 Key Sentences

다음을 영어로 말할 수 있습니까?

1. 나는 세 번 전직한 적이 있다.
2. 캐나다에 가 본 적 있어요?
3. 우리는 한 번도 사장실에 들어가 본 적이 없다.

1. I've changed jobs three times.
2. Have you ever been to Canada?
3. We've never entered the president's room.

STEP 2 Grammar Points

🔵 현재완료는 '지금까지 ~해본 적이 있다'고 과거의 경험을 말할 때도 씁니다.
- I have changed jobs three times. 나는 세 번 전직한 적이 있다.
- He has climbed Mt. Halla. 그는 한라산을 등반한 적이 있다.

🔵 경험을 말할 때는 ever(지금까지), never(한 번도 ~않다), before(전에), once(한 번), twice(두 번) 등의 부사와 함께 쓰입니다. ever는 의문문에, never는 부정문에 씁니다.
- He has tried windsurfing once in Hawaii.
  그는 하와이에서 윈드서핑을 한 번 해 본 적이 있다.
- Have you ever been to Canada? 캐나다에 가본 적 있어요?
- We have never entered the president's room.
  우리는 한 번도 사장실에 들어가 본 적이 없다.

🔵 '~에 가 본 적이 있다'는 반드시 have been to ~로 해야 합니다. have gone to ~라고 하면 '~에 가서 지금 여기 없다'라는 뜻이 됩니다.
- A: Where's Tom? 톰은 어디 있니?
  B: He has gone to France. He is in Paris now. 프랑스에 가서 지금 파리에 있어.

- A: Hello, Tom. You look so happy. 안녕, 톰. 무척 즐거워 보이는데.
  B: Yes, I've been to Paris. 그래, 파리에 갔다 왔어.

🔵 현재완료는 분명한 과거의 시점을 나타내는 yesterday(어제), ago(~전에), last week(지난 주), last year(작년), when(언제) 등의 말과 함께 쓸 수 없습니다.
- A: I've eaten frog legs. 개구리 다리를 먹어 본 적 있어.
  B: Really? When? 그래? 언제?
  A: I ate them last summer. 작년 여름에 먹었어.

STEP 3 Conversation   🔊 mp3 09

Chanho: Have you ever eaten frog legs?

Jane: Yuck! No, I've never eaten frog legs. Have you?

Chanho: Yes, I've eaten frog legs. I ate them last summer in Paris.

Jane: Lucky you. I've never been to France.

> 찬호: 개구리 다리 먹어 본 적 있니? / 제인: 윽! 한 번도 없어. 넌 먹어본 적 있어? / 찬호: 있어. 지난여름에 파리에서 먹었어. / 제인: 좋겠다. 난 프랑스에 한 번도 가본 적이 없는데.

Grammar Plus

현재분사와 과거분사

현재분사와 과거분사는 현재나 과거와 관계가 있지 않을까? 이름만 보고 이렇게 생각할 수도 있지만 현재나 과거와는 전혀 관계가 없습니다. 현재분사는 〈be동사+-ing형〉으로 진행형을 만들어 '~하는 중이다'라는 의미로 쓰입니다.

I am reading a book now. 지금 책을 읽는 중이다.

이 문장에서는 -ing형이 현재와 관계가 있다고 생각할 수 있지만 현재진행형에서 현재를 나타내는 것은 -ing가 아니고 앞에 있는 be동사 현재형(위 예문에서는 am)입니다. be동사를 과거형으로 바꾸면 의미는 '~하는 중이었다'는 과거의 의미가 되는 것이죠.

I was reading a book then. 그때 책을 읽는 중이었다.

즉, 현재진행형이든 과거진행형이든 -ing형은 모두 현재분사라고 합니다.

한편 과거분사는 완료형이나 수동태(수동)를 만들 때 쓰는데 이것도 과거와는 관계가 없습니다.

I will have read the book by the time you come.
당신이 올 때까지는 이 책을 다 읽었을 것이다.

이 예문에서는 미래에 끝낸다는 완료형을 만드는데 과거분사가 쓰여 있습니다.

The car will be used tomorrow. 내일 그 차는 쓰일 것이다.

이것도 미래를 말하는데 수동태 부분에는 과거분사가 쓰였습니다.

과거분사는 간단히 p.p.로 쓸 때가 많습니다.

STEP 4 Exercises

해답 202쪽

1 다음 동사의 과거형과 과거분사를 쓰세요.

1. write   wrote   written
2. win   _____   _____
3. be   _____   _____
4. eat   _____   _____
5. sing   _____   _____
6. break   _____   _____

2 ( ) 안의 말을 써서 '지금까지 ~해본 적이 있다'라는 문장으로 만드세요.

1. (He, travel, to many countries)

   He has traveled to many countries.

2. (He, write, many books)

   _____

3. (He, see, many films)

   _____

4. (He, talk, to Charlie Chaplin)

   _____

3. 처음 한국에 온 Sally에게 Have you ever ~?와 ( ) 안의 말을 써서 의문문을 만드세요. 그리고 샐리의 대답을 완전한 문장으로 쓰세요.

1. (use, chopsticks)
   You: Have you ever used chopsticks?
   Sally: Yes, once. (I have used chopsticks once.)

2. (see, Ssireum on TV)
   You: _____
   Sally: No, never. ( )

3. (eat, kimchi)
   You: _____
   Sally: Yes, several times. ( )

4. (be, to Spain)
   You: _____
   Sally: Yes, many times. ( )

5. (sing, Korean folk songs)
   You: _____
   Sally: Yes, a few times. ( )

6. (climb, Mt. Halla)
   You: _____
   Sally: Yes, never. ( )

10 How long have you been in Korea?
한국에 온 지 얼마나 됐어요?

LESSON 현재완료(계속)

STEP 1 Key Sentences

다음을 영어로 말할 수 있습니까?

1. 빌은 작년부터 한국에 살고 있다.
2. 나는 월요일부터 그를 만나지 못했다.
3. 중국어를 공부한지 얼마나 됐어요?

1. **Bill has been in Korea since last year.**
2. **I haven't seen him since Monday.**
3. **How long have you studied Chinese?**

STEP 2 Grammar Points

💧 현재완료는 '계속 ~하고 있다'고 과거에 시작된 행동이나 상태가 지금도 계속되고 있음을 말할 때 씁니다.
- I have been in Korea for four years. 4년 동안 한국에 살고 있다.
- Bill has been in Korea since last year. 빌은 작년부터 한국에 살고 있다.
- I have known him since 2012. 2012년부터 그를 알고 지내고 있다.

💧 현재완료가 계속의 의미로 쓰일 때는 since(~이래로), for(~동안) 같은 부사구(절)와 함께 쓸 때가 많습니다. 현재가 2015년이라고 하면

He's been in Korea since 2011.
He's been in Korea for four years.

는 같은 기간을 나타내는 말이 됩니다.

💧 since는 기점을 나타내므로 과거를 나타내는 yesterday, last summer, I was a child 등의 말과 함께 쓰이고, for는 기간을 나타내므로 two days, three months 등의 말과

함께 쓰입니다.

🔵 계속된 기간을 물을 때는 How long ~?(얼마나)을 씁니다.
- How long have you studied Chinese? 중국어를 공부한지 얼마나 됐어요?
  - I have studied it for three years. 3년 동안 배우고 있어요.

🔵 계속의 의미를 나타내는 be, live, know, want 등과 같은 상태를 나타내는 동사가 이 용법으로 많이 쓰입니다.
- He has been sick since yesterday. 그는 어제부터 아프다.
- I have lived here for five years. 나는 여기서 5년 동안 살고 있다.

🔵 I was in Korea for four years.와 I have been in Korea for four years.의 의미의 차이를 알아보자.
- I was in Korea for four years. = I left Korea. I'm not in Korea now.
  4년 동안 한국에 살았지만 지금은 한국을 떠났다.
- I have been in Korea for four years. = I'm still in Korea now.
  4년 동안 한국에 살았고 지금도 살고 있다.

STEP 3 Conversation

🔊 mp3 10

Chanho: You speak Korean very well. How long have you been in Korea?

Anne: I've been in Korea for four years.

Chanho: What about Jack?

Anne: He has been in Korea since 2014.

> 찬호: 한국말을 아주 잘 하시는데 한국에 온지 얼마나 되셨어요? / 앤: 한국에 온 지 4년 됐어요. / 찬호: 잭은요? / 앤: 잭은 2014년부터 살고 있어요.

Grammar Plus

문장의 종류

- **긍정, 부정에 따른 분류 – 긍정문·부정문**

  '~아니다(~하지 않다)'라는 부정을 나타내는 문장을 부정문이라고 합니다. 부정문에는 일반적으로 not이나 never라는 부정어가 쓰입니다. 부정문이 아닌 문장을 긍정문이라고 합니다.

- **형태와 의미로 분류 – 평서문·의문문·감탄문·명령문**

  ① **평서문**: 사실과 상황을 그대로 나타내는 문장을 말합니다.
  ② **의문문**: 남에게 물을 때의 문장을 말합니다. 문장 끝에 ?를 붙입니다.
  ③ **감탄문**: 놀람·기쁨 같은 감정을 나타내는 문장으로 문장 끝에 !를 붙입니다.
  ④ **명령문**: 남에게 명령하거나 부탁하는 문장으로 동사원형으로 시작합니다. Please라는 말을 붙여 공손하게 부탁하는 문장도 넓은 의미로 명령문에 속합니다.

구와 절

단어가 일정한 규칙에 따라 배열되어 하나의 완성된 의미를 나타내는 것을 '문장'이라 합니다. 그런데 문장 안에는 몇 개의 단어가 모여 의미가 있는 단위를 만들고 있는 것이 보통입니다. 이들 단위를 구 또는 절이라고 합니다.

구란 every day나 at home처럼 문장 속에 둘 이상의 단어가 모여 하나의 품사 역할을 하면서 SV(주어와 동사) 형태가 없는 것을 말합니다.

절은 if it rains tomorrow와 같이 SV(주어와 동사)를 갖추고 문장의 일부를 구성하면서 더 큰 문장 안에서 일부의 기능을 담당하는 것을 말합니다. 절은 문장의 다른 요소와 연결할 때는 반드시 접속사와 함께 써야 합니다.

전치사

전치사는 '앞에 오는 말'이라는 의미로 명사나 대명사 앞에 쓰여 문장 속의 동사·형용사 또는 다른 명사와의 관계를 나타내는 말입니다.

〈전치사+(대)명사〉의 형태로 '형용사구' 또는 '부사구'를 만듭니다. 전치사 뒤에 오는 명사 또는 대명사를 '전치사의 목적어'라 하며 대명사인 경우 목적격을 씁니다.

STEP 4 Exercises

해답 202쪽

① 빈 곳에 현재완료 또는 과거형을 넣어 문장을 완성하세요. ( ) 안의 말을 이용하세요.

1. A: Have you ever been in Europe?
   B: Yes, I _have_ . I _have been_ in Europe several times. (be)
   In fact, I _was_ in Europe last year. (be)

2. A: Have you ever eaten at Al's Steak House?
   B: Yes, I _____ . I _____ there many times. (eat)
   In fact, my wife and I _____ there last night. (eat)

3. A: _____ a job? (Bob, have, ever)
   B: Yes, he _____ . He _____ lots of part-time jobs. (have)
   Last summer he ___ a job at his uncle's waterbed store. (have)

② since나 for 뒤에 쓸 수 있는 말을 보기에서 골라 번호를 쓰세요.

1. He has been in Korea since _____ . (①) ( ) ( ) ( ).
2. She has been in Korea for _____ . (③) ( ) ( ) ( ).

보기:	① last summer	② Saturday	③ two years
	④ he was a child	⑤ 2011	⑥ six months
	⑦ four weeks	⑧ three days	

3. 맞는 말을 골라 번호를 쓰세요..

1. A: How long (① have you been ② are you) in Korea? (①)
   B: I (① have been ② am) in Korea since 2011. (①)

2. A: Do you know James?
   B: Yes, he's a good friend of mine.
   A: How long (① have you known ② do you know) him? ( )
   B: I (① have known ② know) him for five years. ( )

3. A: How long (① have you had ② do you have) a toothache? ( )
   B: I (① have had ② have) a toothache for one month. ( )
   A: Why didn't you come earlier?
   I have to pull all your teeth out now!

4. A: Are you married?
   B: Yes.
   A: How long (① have you been ② are you) married? ( )
   B: I (① have been ② am) married for five years. ( )
   A: When (① have you met ② did you meet) your husband? ( )
   B: Seven years ago.

4. ( ) 안의 말을 써서 의문문을 만드세요.

1. (How long, you, be, here) → <u>How long have you been here?</u>
2. (How long, you, know, your best friend) →
3. (How long, you, live, in Korea) →
4. (How long, you, have, your pet) →

How long have you been waiting here?
여기서 기다린지 얼마나 됐어요?

LESSON 현재완료진행형

STEP 1 Key Sentences

다음을 영어로 말할 수 있습니까?

1. 나는 20분 동안이나 이 퍼즐을 하고 있다.
2. 여기서 기다린지 얼마나 됐어요?
3. 일주일 동안 비가 계속 내리고 있다.

1. **I have been doing this puzzle for 20 minutes.**
2. **How long have you been waiting here?**
3. **It has been raining for a week.**

STEP 2 Grammar Points

 과거에 시작된 행동이나 사건이 끝나지 않고 현재까지도 진행 중이라는 계속의 의미를 분명히 나타낼 때는 현재완료진행형을 씁니다. 형태는 〈have(has) + been + -ing형〉이 됩니다.

- I have been doing this puzzle for 20 minutes.
  나는 20분 동안이나 이 퍼즐을 하고 있다.
- They have been playing a computer game since one o'clock.
  그들은 1시부터 계속 컴퓨터 게임을 하고 있다.

 현재완료진행형은 어떤 일이 얼마나 오랫동안 진행되어 왔는지 말할 때 쓰이므로 How long ~?(얼마 동안), since ~(~이후로), for ~(~동안) 등과 같은 말과 함께 쓰일 때가 많습니다.

- It has been raining for a week.
  일주일 동안 비가 계속 내리고 있다.
- I have been sitting in class since 9 o'clock.
  나는 9시부터 교실에 앉아 있는 중이다.

11. 현재완료진행형

- How long have you been waiting here?
  여기서 기다린지 얼마나 됐어요?

🔵 have(소유하고 있다)나 know(알고 있다)처럼 어떤 상태의 계속을 나타내는 동사(상태 동사)는 현재완료진행형으로 쓸 수 없습니다. 이때는 현재완료를 써야 합니다.

2012년부터 이 스포츠카를 소유하고 있다.
I have had this sports car since 2012. (○)
I have been having this sports car since 2000. (×)

2년 동안 그녀를 알고 지내고 있다.
I have known her for two years. (○)
I have been knowing her for two years. (×)

🔵 현재완료진행형 문장 패턴

인칭/수		긍정문	부정문	의문문
1인칭	단수	I have been sleeping	I have not been sleeping	Have I been sleeping ~?
	복수	We have been sleeping	We have not been sleeping	Have we been sleeping ~?
2인칭	단수	You have been sleeping	You have not been sleeping	Have you been sleeping ~?
	복수	You have been sleeping	You have not been sleeping	Have you been sleeping ~?
3인칭	단수	He has been sleeping	He has not been sleeping	Has he been sleeping ~?
	복수	They have been sleeping	They have not been sleeping	Have they been sleeping ~?

STEP 3 Conversation   mp3 11

Mother: Nancy, wake up!
Tom: She's been sleeping for two hours.
Mother: That means she's been sleeping since two o'clock.

> 어머니: 낸시, 일어나! / 톰: 2시간이나 계속 자고 있어. / 어머니: 2시부터 계속 잔다는 거구나.

STEP 4 Exercises

해답 203쪽

① 오래 버티기 대회입니다. 다음 그림을 보고 문장을 완성하세요.

1. They have been dancing since 6:00   .
2. She _____.
3. He _____.
4. They _____.
5. He _____.

② 거리에서 사람들을 인터뷰했습니다. (   ) 안의 말을 써서 의문문을 만들고 그 대답을 보기에서 고르세요.

1. Excuse me, (how long, you, wait, here)?
    how long have you been waiting here?   . (①)

2. Excuse me, (how long / he / talk / on the phone)?
    _____. (   )

3. Excuse me, (how long / you / jog)?
    _____. (   )

11. 현재완료진행형

4. Excuse me, (how long / your baby / cry)?
   _____. ( )

5. Excuse me, (how long / you / know / your girlfriend)?
   _____. ( )

> 보기: ① We've been waiting since ten o'clock.
> ② He's been talking for half an hour.
> ③ We've been jogging for twenty minutes.
> ④ He's been crying since this morning.
> ⑤ I've known her for one month.

③ 밑줄 친 곳이 맞으면 OK를, 잘못 쓰였으면 맞게 고치세요.

1. A: You speak English very well.
      Have you been learning English for many years? (○)
   B: Not really.
   A: When did you start?
   B: I have started six months ago. (started)

2. A: The concert hasn't started yet. We are waiting since ten o'clock. (   )
   B: Since ten o'clock! No wonder you look very tired.

3. A: It's still raining now.
   B: How long has it been raining?
   A: It is raining since Monday. (   )

4. A: I have a new girlfriend.
   B: That's great. How long have you been dating? (   )
   A: We've been dating since two months. (   )

5. A: Have you knowing him for a long time? (   )
   B: No, I haven't. I just met him a month ago.

Next year he will be twenty years old.
내년이면 그는 20살이 돼요.

LESSON

미래를 나타내는 will

STEP 1　Key Sentences

다음을 영어로 말할 수 있습니까?

1. 그가 당신 시계를 좋아할 겁니다.
2. 다음 달에는 런던에 있을 겁니까?
3. 내일 나는 여기에 없을 겁니다.

1. He will like your watch.
2. Will you be in London next month?
3. I won't be here tomorrow.

STEP 2　Grammar Points

😊 말하는 사람이나 듣는 사람의 의지와는 관계없이 단순히 앞으로 '~하게 될 것이다'는 것을 표현할 때는 will을 씁니다(단순미래). will 뒤에는 동사원형을 써서 주어+will+동사원형 형태로 씁니다.

- He is nineteen years old now. → He will be twenty tomorrow.
  내일이면 20살이 된다.
- He likes your watch. → He will like your watch.
  그가 당신 시계를 좋아할 겁니다.

😊 순간적인 결정을 내리거나 '~하겠다'고 자신의 의지를 표현할 때도 will을 씁니다(의지미래).

- 《전화벨 소리를 듣고》 I'll answer it. 제가 받을 게요. 〈순간적인 결정〉
- 《방이 덥다는 말을 듣고》 I'll open a window. 제가 창문을 열게요. 〈순간적인 결정〉
- I'll see you off at the station. 역까지 바래다 드릴게요. 〈자신의 의지〉

🔵 부정문은 will 뒤에 not을 써서 주어+will not+동사원형 형태이고, 의문문은 주어 앞에 will을 써서 Will+주어+동사원형 ~? 형태로 씁니다. 대답할 때도 will을 써서 대답합니다.

- I won't be here tomorrow. 내일 나는 여기 없을 겁니다. won't=will not
- Will you be in London next month? 다음 달에는 런던에 있을 겁니까?
  - Yes, I will. 네.
  - No, I won't. 아뇨.

🔵 '나는 ~라고 생각한다'라고 미래의 일을 추측해서 말하는 〈I think - will~〉, 〈I don't think - will~〉, 〈I'm sure - will~〉 등의 문형에도 will이 쓰입니다.
또한 probably(아마), maybe(어쩌면) 등의 부사와 함께 쓰일 때가 많습니다.

- I'm sure he will like your present. 틀림없이 그가 네 선물을 좋아할 것이다.
- I'll probably buy a new car. 아마 새 차를 사야할 것 같다.

🔵 미래의 일이라도 이미 계획되어 있거나 정해진 일에는 will을 쓰지 않습니다.

- We are going to the concert on Friday night. We've bought the tickets. 금요일 밤에 콘서트에 갈 겁니다. 표를 사 놨어요.

※ We will go ~라고는 하지 않는다.

🔵 will의 문장 패턴

인칭/수		긍정문	부정문	의문문
1인칭	단수	I will answer	I will not answer	Will I answer ~?
	복수	We will answer	We will not answer	Will we answer ~?
2인칭	단수	You will answer	You will not answer	Will you answer~?
	복수	You will answer	You will not answer	Will you answer~?
3인칭	단수	He will answer	He will not answer	Will he answer ~?
	복수	They will answer	They will not answer	Will they answer ~?

축약형

I will answer → I'll answer   I will not answer → I won't answer
You will answer → You'll answer   You will not answer → You won't answer
He will answer → He'll answer   He will not answer → He won't answer
They will answer → They'll answer They will not answer → They won't answer

STEP 3 Conversation

Sally: My boyfriend will be twenty years old tomorrow. I've bought him a very nice watch.

Chanho: I'm sure he will like it. He doesn't have a very good one now.

샐리: 남자 친구가 내일이면 20살이 돼. 그에게 줄 아주 좋은 시계를 샀어. / 찬호: 틀림없이 그가 좋아할 거야. 지금 아주 좋은 시계가 없어.

Grammar Plus

조동사

동사 앞에 쓰여서 동사에 특별한 의미를 더해주는 동사를 '조동사'라고 합니다. 조동사에는 can, may, must, will 등이 있고, 조동사 다음에 쓰는 동사를 '본동사'라고 합니다.

조동사는 인칭이나 수에 따라 변화하지 않으며 조동사 뒤에는 반드시 동사원형을 씁니다.

STEP 4 Exercises

해답 204쪽

1 축약형을 쓰세요.

1. she will be   _she'll be_   2. I will come   _____
3. we will win   _____   4. they will not answer   _____
5. he will not eat   _____   6. you will cry   _____
7. it will come   _____

2 will, won't와 보기에 있는 말을 써서 문장을 완성하세요.

1. A: How old are you?
   B: I'm sixteen. But I _will be_ seventeen next week.

2. A: The telephone is ringing.
   B: I _____ it.

3. A: It's very hot in this room.
   B: OK. I _____ a window.

4. A: Hurry up! We'll be late for the birthday party.
   B: Don't worry. There's lots of time. We _____ late.

5. A: These books are very heavy.
   B: I _____ them for you.

6. A: They are good players.
   B: Yes, I think they _____ the World Cup.

7. A: What would you like to have?
   B: I _____ bibimbab, please.

8. A: What happened to your eyes?
   B: I had a terrible car accident yesterday.
   I _____ never _____ again.

보기: have   win   be   answer   drive   carry   open

③ 어머니와 아들의 대화를 읽고 will 또는 won't를 넣어 문장을 완성하세요.

Sam: Mom, I'm afraid I _won't_ be happy in my new school.
Mother: Don't worry, Sam. I'm sure you _____ be very happy in your new school.
Sam: I don't think the teachers _____ like me.
Mother: Don't worry. Of course, they _will_ like you.
Sam: I don't think the students _____ be nice to me.
Mother: Don't worry. Of course, they _____ be nice to you. Anyway, Sam. You'll be OK. Because you _____ be fifty years old tomorrow. And, you are the new school principal!

④ I'll probably ~를 써서 5년 후의 당신에게 일어날 일을 추측해서 써보세요.

1. (be married)   I'll probably be married.
2. (be rich) _____
3. (have a driver's license) _____
4. (go to Europe) _____
5. (live in a big city) _____
6. (speak Chinese well) _____

LESSON 13

I am going to buy some books tomorrow.
내일 나는 책을 몇 권 살 거예요.

미래를 나타내는 be going to

STEP 1 Key Sentences

다음을 영어로 말할 수 있습니까?

1. 내일 책을 몇 권 살 겁니다.
2. 파티에 톰을 초대할 겁니까?
3. 오늘 아침에는 아침을 먹지 않을 겁니다.

1. **I'm going to buy some books tomorrow.**
2. **Are you going to invite Tom to your party?**
3. **I'm not goint to have breakfast this morning.**

STEP 2 Grammar Points

🔵 '~하려고 한다'고 이미 하기로 마음의 결정을 내렸거나 하기로 계획한 일은 〈be동사+going to+동사원형〉 형태로 표현합니다.

- They're going to travel to Alaska. 그들은 알래스카로 여행을 갈 계획이다.
- I'm going to buy some books tomorrow. 내일 나는 책을 몇 권 살 겁니다.

🔵 부정문은 be동사 뒤에 not을 쓰고, 의문문은 be동사와 주어의 위치를 바꿔주면 됩니다. 대답할 때도 be동사를 써서 대답합니다.

- I'm not going to have breakfast this morning.
  오늘 아침에는 아침을 먹지 않을 겁니다.
- Are you going to invite Tom to your party? 파티에 톰을 초대할 겁니까?
  – Yes, I am. 네, 초대할 겁니다.
  – No, I'm not. 아뇨, 초대하지 않을 겁니다.

🔵 앞으로 일어날 일의 조짐이 있어 확신을 말할 때도 〈be동사+going to+동사원형〉으로

표현합니다.

- Look at the black clouds. It is going to rain. 저 시커먼 구름 좀 봐. 비가 오겠어.
- Look at him. He's going to jump off the bridge.
  저 사람 좀 봐. 다리에서 뛰어내리려고 해.

🔵 be going to 뒤에 go(가다)가 와서 be going to go ~가 될 때는 be going ~ 형태로 쓰는 것이 일반적입니다.

- I'm going out. = I'm going to go out. 나는 외출할 겁니다.
- She's going shopping. = She's going to go shopping.
  그녀는 쇼핑하러 갈 겁니다.

🔵 be going to 문장 패턴

인칭/수		긍정문	부정문	의문문
1인칭	단수	I am going to eat	I am not going to eat	Am I going to eat?
	복수	We are going to eat	We are not going to eat	Are we going to eat?
2인칭	단수	You are going to eat	You are not going to eat	Are you going to eat?
	복수	You are going to eat	You are not going to eat	Are you going to eat?
3인칭	단수	He is going to eat	He is not going to eat	Is he going to eat?
	복수	They are going to eat	They are not going to eat	Are they going to eat?

STEP 3 Conversation

🔊 mp3 13

Sumi: What're you going to do this weekend?

Peter: I'm going to watch TV.

Sumi: What program are you going to watch?

Peter: I'm going to watch the Wimbledon tennis match.

수미: 이번 주말에 뭐 할 거니? / 피터: 텔레비전을 볼 거야. / 수미: 어떤 프로를 볼 건데? / 피터: 윔블던 테니스 경기를 볼 작정이야.

STEP 4 Exercises

해답 205쪽

1 다음 학생들의 졸업 후 계획을 연결하고 be going to를 써서 문장을 만드세요.

1. Chulsu likes sports.	• travel around world
2. Nancy loves animals.	• become a computer programmer
3. Tom loves traveling.	• become a vet
4. Jack likes computers.	• become a kindergarten teacher
5. Paul likes painting.	• study art in Italy
6. Sue likes children.	• teach taekwondo in America

1. He is going to teach taekwondo in America.
2. _____
3. _____
4. _____
5. _____
6. _____

2 ( ) 안의 말을 써서 당신의 내일 일정을 써 보세요.

1. (play computer games)
   I'm going to play computer games.

2. (wash my hair)
   _____

3. (write a letter)
   _____

4. (go to a bookshop)
   _____

5. (watch a baseball game on TV)
   _____

③ ②의 문장을 의문문으로 만드세요.

1. <u>Are you going to play a computer game tomorrow?</u>
2. _____
3. _____
4. _____
5. _____

④ 다음 그림을 보고 무슨 일이 일어날 것인지를 묻는 아래의 질문에 대답해 보세요.

1.

Are the astronauts going to enter the spaceship?
Yes, they are. They are going to enter the spaceship.

2.

Is it going to rain?
_____

3.

Are they going to play soccer?
_____

4.

Is he going to jump off the bridge?
_____

LESSON 14 Are you meeting Tom there?
거기서 톰을 만날 거죠?

현재진행형으로 나타내는 미래 표현

STEP 1 Key Sentences

다음을 영어로 말할 수 있습니까?

1. 3시에 나는 친구를 만나기로 했다.
2. 내일 오전에 나는 파리로 떠납니다.
3. 오늘밤에 외출할 건가요?

1. **I'm meeting my friend at 3:00.**
2. **I'm leaving for Paris tomorrow morning.**
3. **Are you going out tonight?**

STEP 2 Grammar Points

이미 정해진 계획이나 약속한 일 등 미래에 당연히 일어나게 될 일은 〈be동사 + -ing형〉을 씁니다.

tomorrow(내일), tonight(오늘밤), next week(다음주), next month(다음달), next weekend(다음 주말), 10:00(10시) 등 미래를 나타내는 말과 함께 쓰일 때가 많습니다.

- I am leaving to Paris tomorrow morning.
  내일 오전에 나는 파리로 떠납니다.(출발 시간, 비행기 편도 결정되어 있다)

- I am meeting my friend at 3:00.
  3시에 나는 친구를 만난다.(만날 장소도 정해져 있다)

- A: What are you going to do this afternoon? 오늘 오후에 뭐 할 거니?
  B: After lunch I am meeting a friend of mine. We are going shopping. Would you like to come along?
  점심을 먹은 다음에 친구를 만나 쇼핑하기로 했어. 같이 갈래?

- Jack has already made his plans. He is leaving at noon tomorrow.
  잭은 계획을 벌써 세웠어. 그는 내일 정오에 떠나.

💧 이 미래 표현은 Lesson 3의 현재진행형(지금 ~하고 있다)과 형태는 같지만 의미는 다릅니다. 어떤 의미인지는 상황 또는 미래를 나타내는 말의 유무로 판단합니다.

- My wife has an appointment with a doctor. She is seeing Dr. Smith next Tuesday.
  내 아내는 의사와 약속이 있다. 다음 주 화요일에 스미스 박사를 만난다.

- I'm flying to Seoul now. (I am in the plane now.)
  지금 비행기를 타고 서울로 가고 있다. (지금 비행기 안에 있다)

- I'm flying to Seoul tomorrow. (The flight number is KAL 889.)
  내일 비행기 편으로 서울에 갑니다. (내가 탈 비행기는 대한항공 889편이다)

- Mary is having a hamburger now.
  매리는 지금 햄버거를 먹고 있다.

- Mary is having dinner with Jack in a fancy restaurant tomorrow.
  내일 매리는 고급 식당에서 잭과 저녁을 먹을 예정이다. (식당, 시간도 정해져 있다)

STEP 3 Conversation 🔊 mp3 14

Sally: I'm flying to Los Angeles tomorrow.
Nick: Are you meeting Tom there?
Sally: Yes, we are going to the concert at the Hilton Hotel.

> 샐리: 내일 비행기 편으로 로스앤젤레스에 가. / 닉: 거기서 톰을 만나는 거지? / 샐리: 그래, 힐튼호텔에서 하는 콘서트에 같이 가기로 했어.

STEP 4 Exercises

해답 206쪽

1. 다음 동사의 -ing형을 쓰세요.

1. leave   leaving   2. arrive _____   3. visit _____
4. listen _____   5. watch _____   6. have _____

2. Jack과 Mary는 다음 주 서울로 여행을 갑니다. 일정표를 보고 be+-ing를 써서 문장을 완성하세요.

- **MON:** 8:00 a.m. leave JFK Airport
  7:00 p.m. arrive at Incheon International Airport
- **TUE:** 10:00 a.m. visit Deoksugung Palace
- **WED:** 11:00 a.m. watch a Korean dance(museum)
  7:00 p.m. have dinner(hotel)
- **THU:** 9:00 a.m. leave Seoul(KE #901)

1. _They are going_ on a trip to Seoul next week.
2. _____ JFK Airport at 8 a.m. on Monday.
3. _____ at Incheon International Airport at 7 p.m.
4. _____ Deoksugung Palace at 10:00 a.m. on Tuesday.
5. _____ a Korean dance at 11:00 a.m. in the museum.
6. _____ a special Korean dinner at the hotel on Wednesday.

They are leaving Seoul at 9:00 a.m. on Thursday.

③ ( ) 안의 말을 be+-ing형을 써서 의문으로 만드세요.

1. (your relatives, come, to your house, this weekend)

   Are your relatives coming to your house this weekend ?

2. (you, meet, your teacher, this afternoon)

   _____ ?

3. (you, go, to the dentist, next week)

   _____ ?

4. (you, stay, at home, tonight)

   _____ ?

④ Chris와 수미의 대화를 읽고 ( ) 안에 들어갈 말을 골라 ○표 하세요.

Sumi: Hello.

Chris: Hi, Sumi. It's me, Chris. How are you?

Sumi: Great. And you?

Chris: Not bad. Listen, will you be free on Saturday?

Sumi: Oh, I'm sorry I won't. (① I'll go ② I'm going) to Busan with my family on Saturday.

Chris: Oh, no. That's too bad. I'm going to listen to the Berlin Symphony Orchestra on Saturday evening. (① They will play ② They are playing) at the KBS Music Hall from seven o'clock. And I have an extra ticket.

Sumi: Really! Wait a minute. (① I'll tell ② I'm going to tell) my father. I won't go to Busan!

※ 순간적으로 결정한 일에는 will, 이미 결정된 일이나 계획된 일에는 be+-ing형을 씁니다.

Is there a drugstore near here?
이 근처에 약국이 있나요?

LESSON There is ~. / There are ~.

STEP 1 Key Sentences

다음을 영어로 말할 수 있습니까?

1. 일주일에는 7일이 있다.
2. 이 근처에 호텔이 있나요?
3. 오늘 밤에는 비가 오겠다.

1. **There are seven days in a week.**
2. **Is there a hotel near here?**
3. **There will be rain tonight.**

STEP 2 Grammar Points

💧 사람이나 사물이 '~에 있다'는 것을 말할 때는 〈There is(are) ~〉 표현을 씁니다. There는 '거기에'라는 의미는 없고, 형식상 맨 앞의 주어 자리에 쓰는 말로 주어는 동사 뒤에 오는 말입니다.

💧 긍정문은 주어가 단수일 때는 There is+단수명사(주어)+장소를 나타내는 말, 복수일 때는 There are+복수명사(주어)+장소를 나타내는 말 형식으로 씁니다.
- There is a plate on the table. 식탁 위에 접시가 있다.
- There are seven days in a week. 일주일에는 7일이 있다.

💧 부정문은 There isn't(aren't)+주어+장소를 나타내는 말 형식으로 씁니다.
- There isn't a cloud in the sky. 하늘에 구름 한 점 없다.
- There aren't any children in the park. 공원에 아이들이 없다.

- 의문문은 Is(Are) there+주어+장소를 나타내는 말? 형식으로 씁니다.
  - Is there a hotel near here? 이 근처에 호텔이 있나요?
    - Yes, there is. / No, there isn't. 네, 있어요. / 아뇨, 없어요.
  - Are there any packages for me this morning? 오늘 아침 내게 온 소포 있어요?
    - Yes, there are. / No, there aren't. 네, 있어요. / 아뇨, 없어요.

- 과거형은 There was(were)+주어+장소를 나타내는 말 형식으로 쓰고, 미래형은 There will be+주어+장소를 나타내는 말 형식으로 쓰면 됩니다.
  - There was a small village near the mountain. 산 근처에 작은 마을이 있었다.
  - There will be rain tonight. 오늘 밤에는 비가 오겠다.

- There is(are) ~.문장의 주어에는 a, some 등이 붙는 불특정한 명사가 와야 합니다. 주어가 특정한 명사일 때는 주어+is(are)+장소를 나타내는 말 형식으로 씁니다.
  - My children are in the park. 우리 아이들은 공원에 있다.
  - The children are in the park. 그 아이들은 공원에 있다.

STEP 3 Conversation

mp3 15

Tourist: Where can I buy a toothbrush and some toothpaste?

Sumi: You can get them at a drugstore.

Tourist: Is there a drugstore near here?

Sumi: Yes. Go to the end of this road and turn left. It's the third store on your right.

Tourist: Thank you very much.

Sumi: Not at all.

> 여행자: 칫솔과 치약을 어디서 살 수 있어요? / 수미: 약국에서 사면 돼요. / 여행자: 이 근처에 약국이 있나요? / 수미: 있어요. 이 길 끝까지 가서 왼쪽으로 가세요. 약국은 오른쪽 세 번째 가게에요. / 여행자: 고맙습니다. / 수미: 천만에요.

15. There is ~. / There are ~.

STEP 4 Exercises

해답 207쪽

① 다음 문장의 의미를 말해보세요.

1. There are three chairs in this room.
2. There are some books on the desk.
3. There was a clock on the wall.
4. Are there any hotels in your town?
5. There were no students at school yesterday.

② ( ) 안의 말 중 맞는 것을 골라 써 넣으세요.

1. There _____ many balls in the box. (is, are)
2. _____ there a big park in your city? (Are, Is)
3. There _____ some houses last year. (is, were)

③ 우리말 의미가 되도록 알맞은 말을 써넣으세요.

1. 거기에 우산이 하나 있었다.

   _____ _____ an umbrella _____ .

2. 벽에는 그림이 하나도 걸려 있지 않다.

   _____ aren't _____ pictures _____ the wall.

3. 병에 우유가 많이 들어 있다.

   There _____ a lot of milk _____ the bottle.

4. ( ) 안의 말을 나열해서 우리말과 어울리는 영문을 만드세요.

1. 우리 집 근처에 강이 있다.
   (house, river, there, near, is, my, a)

   _____

2. 침대 밑에 고양이 두 마리가 있다.
   (bed, are, the, there, under, two, cats)

   _____

3. 우리 마을 근처에 큰 농장이 있었다.
   (farm, was, our, there, near, a, town, big)

   _____

4. 그 동물원에는 그다지 동물이 없었다.
   (zoo, weren't, many, there, in, animals, the)

   _____

5. 당신 학교에는 컴퓨터실이 있나요?
   (your, a, in, is, school, computer room, there)

   _____

15. There is ~. / There are ~.

LESSON 16

Where do you live?
어디 사세요?

의문사가 있는 의문문(1) – Where, When, Why, How

STEP 1 Key Sentences

다음을 영어로 말할 수 있습니까?

1. 어디 사세요?
2. 생일이 언제입니까?
3. 왜 오늘 아침에 지각했어요?

1. **Where do you live?**
2. **When is your birthday?**
3. **Why were you late this morning?**

STEP 2 Grammar Points

의문문에는 Yes/No로 대답할 수 있는 의문문과 의문사로 시작하는 의문문이 있습니다. 지금까지 배운 Yes/No 의문문의 세 가지 문형을 복습하고 나서 의문사가 쓰인 의문문을 만드는 방법을 설명하겠습니다.

1. be동사·조동사 의문문은 be동사·조동사를 주어 앞에 써서 Be동사(조동사)+주어 ~? 형태가 됩니다.
   - You are busy. → Are you busy? – Yes, I am.
   - You will play tennis. → Will you play tennis? – Yes, I will.
   - He will be busy. → Will he be busy? – No, he won't.
   - They have gone. → Have they gone? – Yes, they have.

2. 일반 동사 의문문은 주어 앞에 현재형은 Do(Does), 과거형은 Did를 써서 Do(Does, Did)+주어+동사원형 ~? 형태가 됩니다.

〈현재형〉

- You like music. → Do you like music? – Yes, I do.
- He likes cats. → Does he like cats? – No, he doesn't.

〈과거형〉

- They liked cats. → Did they like cats? – Yes, they did.
- She liked cats. → Did she like cats? – No, she didn't.

🙂 위에서 설명한 의문문은 Yes아니면 No로 대답하는 단순한 사실만을 확인하는 의문문입니다. 반면에 더욱 구체적인 정보가 필요해서 who(누가), what(무엇), when(언제), where(어디서), why(왜), how(어떻게) 등의 의문사를 이용해서 묻는 의문문이 있습니다. 이런 의문문을 의문사 의문문이라고 합니다. 대답도 Yes/No가 아닌 구체적인 내용을 말해야 합니다.

의문을 나타내는 부사를 의문부사라고 합니다. where, when, why, how 등 4가지가 있고 장소, 시간, 이유, 방법을 물을 때 씁니다.

1. Where(어디서) – 장소를 묻는다.
   - Where do you live? 어디 사세요?
     – I live in Seoul. 서울에 삽니다.

2. When(언제) – 시간, 날짜를 묻는다.
   - When is your birthday? 생일이 언제입니까?
     – It's on December 30th. 12월 30일입니다.

3. Why(왜) – 이유를 묻는다. 대답은 Because로 시작한다.
   - Why were you late this morning? 왜 오늘 아침에 지각했어요?
     – Because I missed the train. 열차를 놓쳐서요.

4. How(어떤 방법으로, 어떻게) – 방법, 상태를 묻는다.
   - How do you come to work? 어떻게 출근했어요?
     – By bus. 버스로 왔습니다.
   - How is your mother? 어머님은 건강하세요?
     – She's fine, but gets tired easily. 네, 건강하시지만 쉽게 피곤을 느끼세요.

🙂 의문사는 반드시 문장의 맨 앞에 씁니다.
be동사가 있는 의문사 의문문은 be동사 의문문을 만들 때와 같이 be동사와 주어의 위치를 바꾸고 문장 앞에 의문사를 써서 의문사+be동사+주어 ~? 형태가 됩니다.

- Are you late? → Why are you late?

🔵 일반 동사가 있는 의문사 의문문은 일반 동사 의문문 앞에 의문사를 써서 의문사+do(does, did)+주어+동사원형 ~? 형태가 됩니다.
- Do you live here? → Where do you live?

🔵 조동사가 있는 의문사 의문문은 조동사 의문문 앞에 의문사를 써서 의문사+조동사+주어+동사원형 ~? 형태가 됩니다.
- Will you come again? → When will you come?

STEP 3 Conversation

Sumi: Where did you go on your holiday?
Jack: I went to Buyeo.
Sumi: When did you go there?
Jack: Two weeks ago on Saturday.
Sumi: How did you get to Buyeo?
Jack: By boat.
Sumi: What? There's no river to Buyeo!

> 수미: 휴가 때 어디 갔었어? / 잭: 부여에 갔었어. / 수미: 언제 거기 갔어? / 잭: 2주 전 토요일에. / 수미: 부여에는 뭘 타고 갔어? / 잭: 배로 갔어. / 수미: 뭐라고? 부여로 가는 강은 없는데!

Grammar Plus

의문사가 있는 의문문

의문사가 있는 의문문은 when(언제), where(어디서), what(무엇), who(누구), which(어느 것), why(왜), how(어떻게)와 같은 의문사로 시작하는 의문문을 말합니다. 의문사로 시작하는 의문문에는 Yes나 No로 대답하지 않습니다. 의문사는 문장에서의 역할에 따라 의문대명사·의문형용사·의문부사의 세 종류로 나눌 수 있습니다.

- **의문대명사**

    의문의 의미를 나타내는 대명사를 의문대명사라고 하며 what, who, which가 있습니다. 궁금한 것이 사람이나 사물인 경우는 의문대명사를 써서 묻습니다. 의문대명사는 의문문에서 주어나 목적어가 됩니다.

- **의문형용사**

    의문대명사인 what, which는 명사 앞에 쓰여 명사를 수식하는 역할도 합니다. 이것을 의문형용사라고 합니다.

- **의문부사**

    의문사이면서 부사 역할을 하는 것을 의문부사라고 하며 when, where, how, why가 있습니다. 의문부사는 시간, 장소, 방법, 이유를 물을 때 씁니다.

품사에 관하여

영어 단어를 문장 속에서의 용법이나 의미를 기준으로 비슷한 성질의 것들을 모아 놓으면 몇 개의 그룹으로 나눌 수 있습니다. 예를 들면 apple이나 desk는 사물의 이름을 나타내는 그룹, play나 come은 동작을 나타내는 그룹으로 나눌 수 있다는 말입니다. 이 그룹을 품사라고 합니다.

영어에는 명사, 대명사, 형용사, 동사, 부사, 전치사, 접속사, 감탄사라는 8개의 품사가 있습니다. 대개 관사는 형용사, 조동사는 동사로 분류합니다.

STEP 4　Exercises

해답 208쪽

1 게으른 어머니를 인터뷰하는 중입니다. Where, When, Why, How를 넣어 문장을 완성하세요.

1. _Why_ are you late for the PTA meeting?

    – Because I overslept.

2. _____ are you today?

    – Not bad.

3. _____ did you return home?

    – By taxi.

4. _____ did you have breakfast?

    – At ten o'clock.

5. _____ do you live?

    – I live near the station.

6. _____ is your son crying so loudly?

    – Because I ate his ice cream.

2 철수는 이웃에 이사 온 Nancy에게 궁금한 게 많습니다. 철수 대신에 ( ) 안의 말을 써서 의문문을 만들어 보세요.

1. (your, boyfriend, handsome, is)

    _Is your boyfriend handsome_____?

2. (do, you, this, town, like)

    _____?

3. (you, ever, have, eaten, kimchi)

    _____?

4. (you, did, when, Korea, to, come)

    _____?

5. (do, why, you, baseball, like)

   _____?

6. (you, where, are, from)

   _____?

③ 하와이 여행 중에 찬호는 버스 안에서 한 남자로부터 질문을 받았습니다. 무슨 질문이었는지 그 질문을 영어로 쓰세요.(보기에 있는 말을 이용하세요.)

1. **Man:** How are you _____?

   Chanho: I'm fine. But I still have jet lag.

2. **Man:** Have you _____?

   Chanho: No, I haven't. I've never been to Hawaii. This is my first time.

3. **Man:** _____?

   Chanho: I'm from Seoul, Korea.

4. **Man:** _____?

   Chanho: I arrived in Hawaii last Monday.

5. **Man:** _____ now?

   Chanho: I'm staying at my friend's house.

6. **Man:** _____?

   Chanho: I came to Hawaii because I like the people and the weather.

보기: How   When   Why   Where   Where
     arrive   are   come   are   stay   been

What is your favorite movie?
가장 좋아하는 영화는 뭡니까?

LESSON 17

의문사가 있는 의문문(2) – who, whose, what, which

STEP 1 Key Sentences

다음을 영어로 말할 수 있습니까?

1. 누가 저녁을 지었어요?
2. 좋아하는 영화는 뭡니까?
3. 축구와 농구 중에 어느 것을 좋아하세요?

1. **Who cooked dinner?**
2. **What is your favorite movie?**
3. **Which do you prefer, football or basketball?**

STEP 2 Grammar Points

who, whose, what, which를 의문대명사라고 하며 사람이나 사물에 관한 것이면 의문대명사를 써서 묻습니다. who는 사람에 관해 물을 때 쓰고, what, which는 사람이나 사물에 관해 물을 때 씁니다. 또한 who는 whose(누구의)라는 격변화가 있습니다.

1. Who(누구) – 사람의 이름이나 관계를 물을 때 씁니다.
   - Who did you see on the train? 열차에서 누굴 봤어요?
     – I saw Mr. Kim. 김 선생님을 봤어요.

2. What(무엇) – 사람이나 사물에 관해 물을 때 씁니다. 사람에게 쓸 때는 직업, 신분, 국적을 묻는 것입니다.
   - What is your favorite movie? 가장 좋아하는 영화는 뭡니까?
     – I like *Mission Impossible*. 미션 임파서블을 좋아합니다.
   - What is he? 그는 뭐하는 사람입니까?
     – He is a doctor. 그는 의사입니다.

3. Which(어느) – 사람이나 사물에 대해 선택을 물을 때 씁니다.
   - Which do you prefer, football or basketball?
     축구와 농구 중 어느 것을 좋아하세요?
     - I prefer football. 축구를 더 좋아해요.

4. Whose(누구의) – 소유자를 물을 때 씁니다. 소유자를 묻는 두 가지 방법이 있습니다.
   - Whose+명사 ~?(누구의 ~)
     Whose car is this? 이것은 누구의 차죠?
     - It's Sam's. 샘의 것입니다.

     Whose CD is this? 이것은 누구의 CD입니까?
     - It's Nancy's. 낸시의 것입니다.

   - Whose...?(누구의 것)
     Whose is this? 이것은 누구의 것이죠?
     - It's Chulsu's. 철수의 것입니다.

😊 의문대명사 what, which는 명사 앞에 쓰여 명사를 수식하는 역할도 합니다. 이것을 의문형용사라고 합니다.
- What+명사 ~(무슨 ~)
  What color is your car? 당신의 차는 무슨 색깔이죠?
  - It's red. 빨간색입니다.

- Which+명사 ~(어느 ~)
  Which computer did you buy, an IBM or a Macintosh?
  어느 컴퓨터를 샀어요, IBM이에요, 매킨토시에요?

😊 Who와 What은 의문대명사이므로 문장의 주어가 될 수 있습니다. 이때는 바로 뒤에 동사를 써서 의문사+동사 ~? 형태가 됩니다. 현재시제일 때는 주어에 맞게 동사의 형태를 바꾸고, 과거시제일 때는 과거형을 써야 합니다. 대답할 때도 주어+do(does, did). 형태로 합니다.
- Who is that boy? 저 소년은 누구죠? 〈보어〉
  - He is my friend Jim. 내 친구 짐입니다.

- Who cooked dinner? 누가 저녁을 지었어요? 〈주어〉
  - I did. 내가 했어요.

STEP 3 Conversation 🔊 mp3 17

Lary: Look at that sports car. Whose car is it?
Paul: Which one?
Lary: The blue one.
Paul: It's Sam's.
Lary: Who's Sam?
Paul: He's my great grandfather.

> 라리: 저 스포츠카를 좀 봐. 누구 차니? / 폴: 어느 차? / 라리: 파란색 차. / 폴: 샘의 차야. / 라리: 샘이 누구니? / 폴: 내 증조부셔.

Grammar Plus

역할과 주요소

문법책에 보면 '부사 역할을 하므로 문장의 주요소가 아니다'라고 쓰여 있는데 이때 말하는 '역할'과 '주요소'가 무슨 뜻인지 알아보겠습니다.

'역할'이란 단어가 문장 속에서 어떤 역할을 하고 있는지를 말하는 것입니다. 예를 들면 '이 단어의 역할은 주어다' 또는 '이 어구는 부사구 역할을 하고 있다'와 같이 사용합니다. '역할'을 나타내는 말에는 다음과 같은 것이 있습니다.

주어, 동사, 목적어, 보어, 수식(어), 명사(구·절), 형용사(구·절), 부사(구·절) 등

'문장의 주요소'란 문장을 구성하는 말 중 없어서는 안 되는 중심이 되는 말로 다음의 네 가지를 가리킵니다.

주어(S), 동사(V), 목적어(O), 보어(C)

위에서 본 문법용어를 아래 문장에서 확인해 보겠습니다.

	Tom	played	tennis	yesterday.
품사	명사	동사	명사	부사
역할	주어	동사	목적어	수식어
문장의 주요소	O	O	O	×

STEP 4 Exercises

해답 208쪽

① Who, Whose, What, Which를 넣어 문장을 완성하세요.

1. _Whose_ jacket is this?
   – It's Paul's.

2. _____ dictionaries are these?
   – These are hers.

3. _____ sweater do you prefer, the red one or black one?
   – I prefer the red one.

4. _____ bus do you take, No. 157 or No. 59?
   – I take No. 59.

5. _____ color is your bicycle?
   – It's silver.

6. _____ kind of music do you like?
   – I like jazz.

7. _____ is the name of the company?
   – It's IBM.

8. _____ is your favorite actor?
   – I like Tom Cruise.

② B의 대답에 어울리도록 의문문을 만드세요. ( ) 안의 말을 이용하세요.

1. A: _Who is your favorite singer_? (favorite, is, Who, you, singer)
   B: I like Britney Spears.

2. A: _____?
   (Which, prefer, do, food, you, Korean food or French food)
   B: I prefer French food.

17. 의문사가 있는 의문문(2) – Who, Whose, What, Which

3. A: _____?(What, your, is, favorite, drink)
   B: My favorite drink is coffee.

4. A: _____?(What, you, did, do, last night)
   B: I watched TV.

③ ( ) 안의 말을 써서 누구의 소유물인지 묻는 의문문을 만들고 그림을 참고해서 그 대답을 쓰세요.

1. A: <u>Whose guitar is it</u>? (Whose, is, guitar, it)
   B: It's <u>Mr. White's</u>.

2. A: _____? (Whose, is, mp3 player, it)
   B: It's _____.

3. A: _____? (is, Whose, it, tennis racket)
   B: It's _____.

4. A: _____? (Whose, they, toys, are)
   B: They are _____.

5. A: _____? (They, sunglasses, Whose, are)
   B: They are _____.

5. A: Whose child is Michael?
   B: He is _____.

LESSON 18 How often do you use a computer?
컴퓨터를 자주 이용하시나요?

의문사가 있는 의문문(3) – How often?, How long?, How many?, How much?

STEP 1 Key Sentences

다음을 영어로 말할 수 있습니까?

1. 거기서 얼마나 기다렸어요?
2. 당신 집부터 역까지 거리가 얼마나 되나요?
3. 이 집은 지은 지 얼마나 됐어요?

1. **How long did you wait there?**
2. **How far is it from your house to the station?**
3. **How old is this house?**

STEP 2 Grammar Points

how 뒤에 형용사나 부사를 써서 '얼마나 ~입니까?'라고 정도를 물을 수 있습니다.

1. How long...?(얼마나?) – 기간, 길이 등을 물을 때 씁니다.
    - How long did you wait there? 거기서 얼마나 기다렸어요?
      – For about one hour. 1시간 정도요.
    - How long have you used the Internet? 인터넷을 이용한지 얼마나 됐어요?
      – For three months. 3개월입니다.

2. How often...?(얼마나 자주?) – 횟수, 빈도를 물을 때 씁니다.
   대답을 할 때는 횟수를 나타내는 말(once a week)이나 빈도를 나타내는 never(한 번도 ~않다), hardly ever(rarely)(좀처럼 ~하지 않다), seldom(거의 ~않다), sometimes(가끔), often(자주), usually(대개), always(항상) 같은 말이 쓰입니다. (Lesson 2 참조.)
    - How often do you use a computer? 컴퓨터를 자주 이용하시나요?
      – I sometimes do. 가끔 씁니다.

- Do you always watch TV after dinner?
  저녁을 먹은 뒤에 항상 텔레비전을 봅니까?
  - Yes, I always do. 네, 항상 봅니다.

3. How much...?(얼마?) – 값을 물을 때 씁니다.
   - How much is a CD? CD는 한 장에 얼마에요?
     - Ten thousand won. 만원입니다.

4. How many+명사 ~?(얼마나?) – 수를 물을 때 씁니다.
   How much+명사 ~?(얼마나?) – 양를 물을 때 씁니다.
   - How many alarm clocks do you have? 알람시계가 몇 개나 있어요?
     - Five. 5개에요.
   - How much water did you drink? 물을 얼마나 마셨어요?
     - A little. 조금이요.

5. How far...?(얼마나?) – 거리를 물을 때 씁니다.
   from A to B(A부터 B까지)와 함께 쓰일 때가 많습니다.
   - How far is it from your house to the station?
     당신 집부터 역까지 거리가 얼마나 되나요?
     - Only 400 meters. 4백 미터밖에 안 돼요.

6. How old...?(나이가?) – 사람이나 사물의 나이를 물을 때 씁니다.
   - How old are your parents? 당신 부모님 연세가 어떻게 되세요?
     - My mother is 60 and my father is 58.
       어머니는 60세이시고, 아버지는 58세입니다.
   - How old is this house? 이 집은 지은 지 얼마나 됐어요?
     - It's 100 years old. 백 년 됐어요.

💧 how는 방법이나 상황을 물을 때도 씁니다.
- How did you get here so quickly? 어떻게 이렇게 빨리 왔어요?
  - I took a taxi. 택시를 탔어요.
- How is the weather? 날씨는 어때요?
  - It's cloudy. 흐려요.

STEP 3 Conversation 🔊 mp3 18

Mrs. Ryan: Tom, please answer this question. How long do butterflies live?

Tom: You tell me. You are the science teacher.

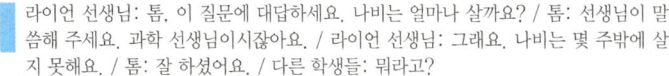

Mrs. Ryan: Yes. They live for only a few weeks.

Tom: Good.

Other students: What?!?!

> 라이언 선생님: 톰, 이 질문에 대답하세요. 나비는 얼마나 살까요? / 톰: 선생님이 말씀해 주세요. 과학 선생님이시잖아요. / 라이언 선생님: 그래요. 나비는 몇 주밖에 살지 못해요. / 톰: 잘 하셨어요. / 다른 학생들: 뭐라고?

Grammar Plus

단문, 중문, 복문

한 문장 안에 S(주어)+V(동사)가 몇 개 있고 그것이 어떻게 연결되어 있는가를 기준으로 문장을 단문·중문·복문의 세 가지로 나눌 수 있습니다.

- **단문**

    S+V가 하나뿐인 문장을 말합니다. 문장의 길이와는 관계가 없습니다. 아무리 긴 문장도 S+V가 하나면 단문이라고 합니다.

- **중문**

    한 문장 안에 두 개 이상의 S+V가 있고 그것들이 and, but, or와 같은 등위접속사로 연결된 문장을 말합니다. and와 but이 둘 이상 있어도 관계없습니다.

- **복문**

    한 문장 안에 두 개 이상의 S+V가 있고 그것들이 because, as와 같은 종속접속사나 관계사 등으로 연결된 문장(즉 종속절을 가진 문장)을 말합니다.

STEP 4 · Exercises

해답 209쪽

1. 다음은 1919년 아일랜드 이야기입니다. 세계 최초로 항공우편을 실은 논스톱 대서양횡단비행에 성공한 비행사를 Jennifer가 인터뷰하고 있습니다. long, many, often, far, old, much를 넣어 문장을 완성하세요.

   Jennifer: Congratulations! You've set a world record, the first non-stop Atlantic flight on this plane! How _long_ did the flight take?

   Pilot: It took 16 hours and 28 minutes.

   Jennifer: How _____ is it from Canada to Ireland?

   Pilot: About 1890 miles.

   Jennifer: How _____ letters did you carry?

   Pilot: 196 letters.

   Jennifer: Wow! Did you carry your letter to your sister, Elsie, too?

   Pilot: Yes.

   Jennifer: How _____ do you see her?

   Pilot: I hardly ever see her. Because I'm very busy.

   Jennifer: How _____ money did you get as a prize?

   Pilot: 10,000 pounds.

   Jennifer: Wow! You're lucky. By the way, how _____ are you?

   Pilot: I'm 27 years old.

   Jennifer: I'm sorry I've forgotten your name.

   Pilot: What? I'm Captain John Alcock, of course.

2. 미국 시카고에서 새로 오신 영어 선생님께 궁금한 것을 묻는 의문문을 ( ) 안의 말을 써서 만드세요.

   1. (do, you, How, to a computer shop, often, go)
      How often do you go to a computer shop ?

– I often go there.

2. (have, you, digital cameras, How, do, many)

   _____?

   – I have only one.

3. (the airfare to Chicago, is, How, much)

   _____?

   – It's one thousand, three hundred (and) twenty dollars.

4. (now, money, How, much, you, do, have)

   _____?

   – I have little money. That's a rude question.

5. (from, to, far, How, it, is, your house, the nearest station)

   _____?

   – It's about 4 kilometers.

6. (on the U.S. flag, How, stars, many, are, there)

   _____?

   – There are 50.

③ 가장 알맞은 대답을 골라 연결하세요.

1. How old is your brother? • • Once a month.
2. How often do you watch videos? • • For 30 minutes.
3. How long have you been waiting for the train? • • About two kilometers.
4. How far is it from here to your house? • • Ten dollars.
5. How much is a ticket for Peggy's concert? • • Three.
6. How many languages do you speak? • • 25 years old.
7. How old is this building? • • 200 years old.

18. 의문사가 있는 의문문(3) – How often?, How long?, How many?, How much?

LESSON 19

Jane gave Tom a present.
제인이 톰에게 선물을 주었어요.

문장의 5형식

STEP 1 Key Sentences

다음을 영어로 말할 수 있습니까?

1. 태양은 동쪽에서 뜬다.
2. 이 꽃은 향긋한 냄새가 난다.
3. 우리는 우리 아기 이름을 짐이라고 지었다.

1. **The sun rises in the east.**
2. **This flower smells sweet.**
3. **We named our baby Jim.**

STEP 2 Grammar Points

🔵 영어 문장의 형식은 크게 5가지로 나눌 수 있습니다. 자동사를 쓰는 1형식(S+V), 2형식(S+V+C)과 타동사를 쓰는 3형식(S+V+O), 4형식(S+V+O+O), 5형식(S+V+O+C)이 있습니다.

🔵 1형식: S+V
보어나 목적어가 필요 없는 동사를 완전자동사라고 하는데 완전자동사는 〈주어+동사〉만으로 완전한 의미를 나타내며 〈전치사+명사〉 등의 수식어를 붙여 쓸 때가 많습니다.
- The sun rises in the east. 태양은 동쪽에서 뜬다.

🔵 2형식: S+V+C
동사만으로는 주어에 대한 설명이 부족해서 주어의 상태나 동작을 설명해주는 주격보어가 필요한 동사를 불완전자동사라고 합니다.
- Sunhee is a singer. 선희는 가수이다.
- She is beautiful. 그녀는 아름답다.

- This flower smells sweet. 이 꽃은 향긋한 냄새가 난다.

3형식: S+V+O
목적어를 하나만 갖는 동사를 완전타동사라고 합니다.
- They ate spaghetti. 그들은 스파게티를 먹었다.
- He speaks German. 그는 독일어를 한다.

4형식: S+V+IO+DO
두 개의 목적어를 갖는 동사를 수여동사라고 합니다. '~에게'에 해당하는 말을 간접목적어(IO), '~을(를)'에 해당하는 말을 직접목적어(DO)라고 합니다. 수여동사에는 send(보내다), give(주다), teach(가르치다), buy(사다), make(만들다) 등이 있습니다.
- Jane gave Tom red earrings. 제인이 톰에게 빨간색 귀걸이를 주었다.
- Tom sent Nancy red earrings. 톰은 낸시에게 빨간색 귀걸이를 보냈다.
- Nancy bought him a nice tie. 낸시는 그에게 멋진 넥타이를 사 주었다.

수여동사는 간접목적어와 직접목적어의 순서를 바꿔 〈직접목적어+전치사+간접목적어〉 형태의 3형식 문장으로 표현할 수도 있습니다. 이때 간접목적어 앞에 to를 쓰는 동사와 for를 쓰는 동사가 있습니다.

1. to를 쓰는 동사: give, send, lend 등
   - Tom sent the red earrings to Nancy.
   - Jane gave the red earrings to Tom.
2. for를 쓰는 동사: buy, make
   - Nancy bought a nice tie for Jack.

5형식: S+V+O+OC
목적어와 보어를 다 갖는 동사를 불완전타동사라고 합니다. 목적어 뒤에 쓰인 보어는 목적어를 보충 설명하는 말로 목적보어(OC)라고 합니다. 불완전타동사로는 call(부르다), name(이름 짓다), find(알다), keep(~해 두다) 등이 있습니다.
- We call our boss "Monster." 우리는 사장을 '몬스터'라고 부른다.
- We named our baby Jim. 우리는 우리 아기 이름을 짐이라고 지었다.
- We found our coach very funny.
  우리는 코치가 아주 재미있는 사람이라는 것을 알았다.

STEP 3 Conversation 🔊 mp3 19

Mary: Your birthday is coming soon.

Chanho: Yes. Tom's and Jane's birthdays, too. Jane gave Tom red earrings.

Mary: What? In English, you should say, "Tom gave red earrings to Jane." Or, "Tom gave Jane red earrings."

Chanho: No, Mary. Tom likes to wear red earrings. So, Jane gave them to Tom.

> 메리: 조금 있으면 네 생일이지. / 찬호: 그래. 톰과 제인도 생일이야. 제인이 톰에게 빨간색 귀걸이를 선물했어. / 메리: 뭐? 영어로는 Tom gave red earrings to Jane.이라고 하거나 Tom gave Jane red earrings.라고 해야 해. / 찬호: 메리, 그게 아니고, 톰이 빨간색 귀걸이 하는 걸 좋아해서 제인이 톰에게 선물했다는 말이야.

Grammar Plus

자동사·타동사와 완전동사·불완전동사

동사는 목적어의 유무에 따라 자동사와 타동사로 나뉘고, 자동사와 타동사는 다시 보어의 필요에 따라 완전동사와 불완전동사로 분류할 수 있습니다.

목적어의 유무	보어의 유무		목적어	보어	동사의 예
자동사	완전자동사		없음	없음	come, go, run, work
	불완전자동사		없음	있음	become, feel, look, seem
타동사	완전타동사	목적어 1개	1개	없음	like, know, drink, read
		수여동사	2개	없음	give, show, teach, tell
	불완전타동사		있음	있음	call, make, find, keep

대부분의 동사는 자동사로도 쓰이고 타동사로도 쓰입니다.

STEP 4 Exercises

1. 어순에 주의해서 ( ) 안의 말을 써서 문장을 완성하세요.

   1. **Woman:** There's a cockroach in my soup!
      Waiter: <u>That is strange</u> .(that, strange, is) It's usually a fly.

   2. **Boy:** Sir, can I play the piano?
      Music teacher: No. _____. (dirty, are, Your hands)
      Boy: Don't worry. _____. (play, I'll, only the black keys)

   3. **Son:** Mom, I want to go to Argentina.
      Mother: Keep digging. _____. (will reach, The hole, Argentina, in a few years)

   4. **Bell:** My last name is Bell. _____. (me, Jong, call, Korean people)
      Chanho: Really? That's funny. Because "jong" means "bell" in Korean.

   5. *in a church*
      Peter: God, please make Sydney the capital of Australia.
      Tom: God, please _____. (New York, make, the capital of the U.S.A.)
      Steve: God, please _____. (Incheon, make, the capital of Korea)
      Priest: Why are you praying for such a thing?
      Tom: We wrote them as answers on a school exam!

2. Tony가 Mary에게 준 선물에 관한 이야기입니다. 그림을 보고 ( ) 안의 말을 이용해서 영어로 쓰세요.

1.

   (for, a present, Mary, Tony, bought)

   Tony bought a present for Mary.

2.

   (the present, Mary, sent, He, to)

   _____

3.

   (gave, to, it, Nancy, But, she)

   _____

4.

   (Nancy, it, wore, on a ski trip)

   _____

5.

   (Jim, Nancy's photo, took)

   _____

6.

   (Tony, Jim, it, to, showed)

   _____

Tony was upset to see the photo.

20 LESSON
He can speak English.
그는 영어를 말할 수 있어요.

조동사(1) – can, could, be able to

STEP 1　Key Sentences

다음을 영어로 말할 수 있습니까?

1. 나는 피아노를 칠 수 있다.
2. 나는 10년 전에는 더 빨리 헤엄칠 수 있었다.
3. 차를 운전할 수 있어요?

1. **I can play the piano.**
2. **I could swim faster ten years ago.**
3. **Can you drive a car?**

STEP 2　Grammar Points

🌕 다른 동사 앞에 쓰여 그 동사에 특별한 의미를 더해 주는 동사를 조동사라고 합니다. 조동사 뒤에 쓰는 동사를 본동사라고 하며 본동사는 항상 동사의 원형을 써야 합니다.

조동사가 있는 의문문은 조동사를 주어 앞에 써서 조동사+주어+동사원형 ~? 형태가 되고, 부정문은 조동사 뒤에 not을 써서 주어+조동사+not+동사원형 형태가 됩니다.

🌕 '~할 수 있다'라는 현재의 능력을 말할 때는 조동사 can을 씁니다. can 뒤에는 동사의 원형을 써야 합니다.

- I can play the piano. 나는 피아노를 칠 수 있다.
- He speaks English. 그는 영어를 말한다.
  → He can speak English. 그는 영어를 말할 수 있다.

🔵 과거형 '~할 수 있었다'는 could를 씁니다.
- I could swim faster ten years ago.
  10년 전에는 더 빨리 헤엄칠 수 있었다.

🔵 부정문 '~할 수 없다'는 cannot(can't), '~할 수 없었다'라는 과거 부정문은 could not(couldn't)이 됩니다.
- I can't run fast now. 지금은 빨리 달릴 수 없다.
- I couldn't swim at all. 수영을 전혀 할 수 없었다.

🔵 의문문 '~할 수 있습니까?'는 Can you ~?, 과거 의문문 '~할 수 있었습니까?'는 Could you ~?가 됩니다.
- Can you drive a car? 차를 운전할 수 있어요?
- Could you ride a bicycle in your childhood?
  어릴 적에 자전거를 탈 수 있었어요?

🔵 can과 같은 의미로 be able to ~를 쓸 수 있는데 be동사를 was(were), will be로 써서 과거와 미래의 의미를 나타낼 수 있습니다.
- I was able to find a nice present for Tom. 톰에게 줄 멋진 선물을 찾을 수 있었다.
- He will be able to speak three languages. 그는 3개 국어를 할 수 있을 것이다.

🔵 '~해도 좋다'고 상대방에게 허락을 하거나 '~해도 될까요?'라고 허락을 청할 때도 can을 쓸 수 있습니다. 허락을 청할 때 can 대신에 could를 쓰면 공손한 표현이 됩니다.
- You can stay here until seven o'clock. 7시까지 여기 있어도 돼요.
- Can I sit here? 여기 앉아도 될까요?

🔵 can의 문장 패턴

인칭/수		긍정문	부정문	의문문
1인칭	단수	I can speak	I cannot speak	Can I speak ~?
	복수	We can speak	We cannot speak	Can we speak ~?
2인칭	단수	You can speak	You cannot speak	Can you speak ~?
	복수	You can speak	You cannot speak	Can you speak ~?
3인칭	단수	He can speak	He cannot speak	Can he speak ~?
	복수	They can speak	They cannot speak	Can they speak ~?

be able to의 문장 패턴

인칭/수		긍정문	부정문	의문문
1인칭	단수	I am able to speak	I am not able to speak	Am I able to speak?
	복수	We are able to speak	We are not able to speak	Are we able to speak?
2인칭	단수	You are able to speak	You are not able to speak	Are you able to speak?
	복수	You are able to speak	You are not able to speak	Are you able to speak?
3인칭	단수	He is able to speak	He is not able to speak	Is he able to speak?
	복수	They are able to speak	They are not able to speak	Are they able to speak?

STEP 3 Conversation

mp3 20

Chanho: I couldn't speak English well a few years ago. Later, I made some American friends. Now, I can speak English well.

Jane: That's great. Can you speak any other languages?

Chanho: I'm studying Spanish now.

Jane: So, you will be able to speak three languages soon.

찬호: 몇 년 전에는 영어를 잘 말할 수 없었어. 나중에 미국인 친구들을 사귀어서 지금은 잘 말할 수 있어. / 제인: 잘 됐다. 다른 언어도 말할 수 있어? / 찬호: 지금은 스페인어를 공부하고 있어. / 제인: 그럼, 머지않아 3개 국어를 할 수 있겠네.

STEP 4 Exercises

해답 211쪽

1. (예)와 같이 대답해 보세요.

    예) Flight attendants can speak English.
    Yes. They can speak English.

    1. Penguins can fly.

    ___

    2. Athletes can run very fast.

    ___

    3. Gorillas can make a fire.

    ___

    4. Anyone can climb Mt. Everest.

    ___

2. 당신의 5살 때의 일을 생각하고 다음 질문에 답하세요.

    1. Could you write your name in English?
    Yes, I could write my name. or No, I couldn't write my name.

    2. Could you swim?

    ___

    3. Could you use the telephone?

    ___

    4. Could you take a photo?

    ___

    5. Could you travel by yourself?

    ___

3️⃣ was able to 또는 were able to를 넣어 대화를 완성하세요.

1. A: Did you find a present for your father?
   B: Yes, it took an hour, but I _was able to_ find a very nice present.

2. A: Did you win the soccer tournament?
   B: Yes, it was difficult, but we _____ to win.

3. A: Did your brother pass the driver's test?
   B: Yes, it was challenging, but he _____ pass it.

4️⃣ 이제 막 스키 강사가 된 Anita에 관한 이야기를 읽고 can, can't, couldn't, will be able to를 넣어 문장을 완성하세요.

Anita _can_ ski very well. She just became a ski instructor in Switzerland. Now she _____ also travel to other foreign countries in Europe. Before that, she was not happy. She _____ travel to any foreign countries. Now she is learning snow boarding as well. She _____ enjoy two winter sports soon.

20. 조동사(1) – can, could, be able to

You must wear a seatbelt.

반드시 안전벨트를 착용해야 해요.

LESSON 조동사(2) – must

STEP 1 Key Sentences

다음을 영어로 말할 수 있습니까?

1. 꼭 한 번에 한 알 복용해야 합니다.
2. 내일은 지각을 해선 안 됩니다.
3. 근무 중에는 양복을 입어야 하나요?

1. **You must take one pill at a time.**
2. **You must not be late tomorrow.**
3. **Do I have to wear a suit at work?**

STEP 2 Grammar Points

🔵 must는 '~해야 한다'라고 규칙상 반드시 해야 하는 일을 말할 때 씁니다. 또한 강하게 권유할 때도 씁니다.

- You must take one pill at a time. 꼭 한 번에 한 알 복용해야 합니다.
- You must see this film. It's great. 이 영화를 꼭 보세요. 정말 재미있어요.

🔵 must와 같은 의미로 〈have(has) to+동사원형〉을 쓸 수 있습니다.

- We must wear a uniform. = We have to wear a uniform.

🔵 부정문 must not (mustn't)은 '~해선 안 된다'라는 금지를 나타냅니다.

- You must not be late tomorrow. 내일은 지각을 해선 안 됩니다.
- You must not smoke here. 여기서 담배를 피우면 안 됩니다.

🔵 must로는 과거형이나 미래형을 만들 수 없으므로 have to를 써서 시제를 표현해야 합니다. 과거형 '~해야 했었다'는 〈had to+동사원형〉, 미래형 '~해야 할 것이다'는 〈will

have to+동사원형)으로 나타냅니다.
- We had to work late at night. 우리는 밤늦게까지 일해야 했다.
- I must see her tomorrow. 내일 그녀를 만나야 한다.
  = I will have to see her tomorrow.
   I will must see... (×)

must의 의문문 '~해야 합니까?'는 Must ~?보다는 Do(Does) ... have to ~?를 많이 씁니다.
- Do I have to wear a suit at work? 근무 중에는 양복을 입어야 하나요?
- Does he have to take some medicine after meals?
  그는 식후에 약을 먹어야 하나요?

'~할 필요 없다'는 don't(doesn't) have to ~를 씁니다.
- You don't have to wear ties. 넥타이를 맬 필요는 없어요.

STEP 3 Conversation

Manager: These are the rules.
Jane: Do we have to wear a uniform?
Manager: Yes. You must wear a uniform. You mustn't wear necklaces.
Jane: What! We mustn't wear necklaces!
Manager: Stop complaining. In my day, we had to work late at night. You are lucky. You don't have to work so late.

지배인: 이게 규칙입니다. / 제인: 유니폼을 입어야 한다는 건가요? / 지배인: 네. 유니폼을 입어야 해요. 그리고 목걸이를 해선 안 됩니다. / 제인: 아니! 목걸이를 해선 안 된다고요! / 지배인: 불평 그만하세요. 내가 젊었을 때는 밤늦게까지 일해야 했어요. 늦게까지 일할 필요가 없으니까 당신들은 운이 좋은 거예요.

STEP 4 Exercises

해답 212쪽

① Nancy가 감기에 걸렸습니다. must나 mustn't를 넣어 문장을 완성하세요.

1. <u>She</u> <u>mustn't</u> eat ice cream.
2. _____ _____ take her medicine before meals.
3. _____ _____ visit her friends.
4. _____ _____ take a shower.
5. _____ _____ stay in bed.
6. _____ _____ drink Coke.

② must, mustn't와 보기에서 알맞은 동사를 골라 문장을 완성하세요.

1. You <u>mustn't smoke</u> here. It's a non-smoking area.
2. Class has started. You _____ to the teacher.
3. The meeting has started. We _____ food.
4. I'm on a diet. I _____ chocolate.
5. Dad is sleeping. You _____ quiet.
6. This book is really good. You _____ it.
7. My new boyfriend is very nice. You _____ him.

| 보기: | listen | be | smoke | eat | meet | read | eat |

③ 미국 어느 학교의 교칙입니다. must, mustn't를 써서 문장을 완성하세요.

1. wear a uniform
   The students must wear a uniform.

2. eat in class
   _____

3. attend every class
   _____

4. wear short skirts
   _____

5. keep guns and rifles
   _____

④ ( ) 안의 말을 써서 의문문을 만드세요.

1. (wear, have, a uniform, Did, you, in junior high school)
   Did you _____?

2. (hard, have to, you, Did, study, for the university entrance exam)
   Did you _____?

3. (Will, tomorrow morning, you, have to, early, get up)
   Will _____?

22 I may go to Italy.
나는 이탈리아에 갈지도 몰라요.

LESSON 조동사(3) – may, might

STEP 1 Key Sentences

다음을 영어로 말할 수 있습니까?

1. 오늘 오후에 비가 올지도 모른다.
2. 그는 올지도 모르겠고, 안 올지도 모르겠다.
3. 창문을 열어도 될까요?

1. **It may rain this afternoon.**
2. **He may come, or he may not.**
3. **May I open the window?**

STEP 2 Grammar Points

- '~일지도 모르겠다'라고 현재 또는 미래의 일을 추측하거나 가능성을 말할 때는 〈may+동사원형〉 또는 〈might+동사원형〉을 씁니다. might는 가능성이 더 희박할 때 씁니다.
  - It may rain this afternoon. 오늘 오후에 비가 올지도 모른다.
  - I might work in America. 미국에서 일을 하게 될 지도 모르겠다.

- 부정문 '~하지 않을 지도 모른다'는 〈may not+동사원형〉, 〈might not+동사원형〉으로 씁니다.
  - I may not pass the exam. 나는 시험에 떨어질 수도 있다.
  - I might not get married by the age of 30.
    30살까지는 결혼을 하지 않을 지도 모르겠다.

- may가 추측의 의미로 쓰일 때는 I'm not sure(잘 모르겠다), I haven't decided yet.(아직 결정하지 않았다), I don't know(모르겠다) 등의 말과 함께 쓰일 때가 많습니다.
  - I'm going to study architecture at the university. After that, I don't know. I may go to Italy.
    대학에서 건축학을 전공할 예정이에요. 그 후에는 모르겠어요. 이탈리아에 갈지도 모르죠.

- may는 '~해도 좋다'라고 상대방에게 허락하거나 의문문으로 써서 '~해도 될까요?'라고 허락을 구할 때도 씁니다. 같은 의미로 may대신에 can을 쓸 수도 있습니다. can 대신 may를 써서 물으면 더욱 공손한 표현이 됩니다.
  - You may go home now. 이제 집에 가도 좋아요.
  - May I open the window? 창문을 열어도 될까요?

STEP 3 Conversation

🔊 mp3 22

Sumi: What are you going to do after you graduate from school?

Chanho: I haven't decided yet. I may go to college. Or I might work in America on a working holiday visa. And you?

Sumi: I don't know. I might stay in this school. I like it a lot.

Chanho: What? Don't you want to graduate?

> 수미: 학교 졸업하면 뭐 할 거니? / 찬호: 아직 결정 못 했어. 대학에 갈 수도 있고, 워킹홀리데이 비자로 미국에서 일할 지도 몰라. 넌? / 수미: 모르겠어. 이 학교에 계속 있을 지도 몰라. 이 학교가 정말 마음에 들어. / 찬호: 뭐? 졸업하고 싶지 않은 거니?

22. 조동사(3) – may, might

STEP 4 Exercises

해답 213쪽

1. Mrs. Rinat가 잃어버린 가방을 찾으려고 기억을 더듬고 있습니다. 그림을 보고 may를 써서 Mrs. Rinat의 말을 완성하고 어디에서 잃어버렸는지 답을 쓰세요.

1. My bag may be in the department store .
2. It _____ be in the _____.
3. It _____ _____ in the _____.
4. It _____ _____ in the _____.
5. It _____ _____ on the _____.
6. Or, it _____ _____ in the _____.

어디서 잃어버렸는지 답을 찾아 보세요. 그녀의 이름에서 철자의 순서를 바꾸면 답이 보입니다.

Mrs. Rinat's bag is _____ the _____.

② may 또는 may not을 써서 대화를 완성하세요. ( ) 안의 말을 이용하세요.

1. A: Do you think a typhoon will come?
   B: I don't know. It _may come_ (come). Ask your science teacher.

2. A: What are you going to do this weekend?
   B: I'm not sure. I _____ (go) to the movies.

3. A: What are you going to do after you retire?
   B: I haven't decided yet. I _____ (live) in America.

4. A: What are you going to wear for Sunhee's wedding?
   B: I don't know. I think I look good in the blue dress.
   So I _____ (wear) it.

③ 앞으로 5년 이내의 계획이나 예정은 I'm going to~를 써서 쓰고, 불확실한 일은 may, might를 써서 표현에 보세요. Hint에 있는 말을 이용해도 좋습니다.

be going to　예) I'm going to study psychology.

1. _____
2. _____

may / might　예) I'm not sure. But I may go to France.

1. _____
2. _____

---|Hint|---
work in a company, get married, save a lot of money,
buy a house(car), learn tennis(German), go to the university,
learn to drive

22. 조동사(3) – may, might

You shouldn't work too hard.
너무 무리하지 마세요.

LESSON 조동사(4) – should

STEP 1 Key Sentences

다음을 영어로 말할 수 있습니까?

1. 당신은 의사한테 가봐야 해요.
2. 당신은 무거운 물건을 들지 않는 게 좋아요.
3. 당신은 새 옷을 몇 벌 사야할 것 같아요.

1. **You should see a doctor.**
2. **You shouldn't lift heavy things.**
3. **I think you should buy some new clothes.**

STEP 2 Grammar Points

🔵 '~해야 한다'라는 의무나 '~하는 게 마땅하다'는 당위를 나타낼 때는 should를 씁니다.

- A: I have a headache. 머리가 아파.
  B: You should see a doctor. 의사한테 가 봐야 해.

- A: I'm going to Seattle. 시애틀에 갈 거야.
  B: Really? You should see the Space Needle.
  그래? 스페이스니들을 봐야 해.

🔵 should도 조동사이므로 뒤에 동사원형을 써서 〈should+동사원형〉 형태가 됩니다.

- He should see a doctor. 그는 의사한테 가봐야 한다.
  He should sees a doctor. (×)

- She should be careful. 그녀는 조심해야 한다.
  She should is careful. (×)

- 부정형 '~하지 않아야 한다'는 〈should not(shouldn't)+동사원형〉 형태가 됩니다.
  - A: I have a backache. 허리가 아파.
    B: You shouldn't lift heavy things. 무거운 물건을 들지 않는 게 좋겠다.

- should와 must 둘 다 의무나 충고할 때 쓰지만 should보다 must(~해야 한다)가 정도가 강한 표현입니다.
  - The Space Needle is nice. You should go there.
    스페이스니들은 멋있어요. 당신도 거기 가보세요.
  - The Seattle Aquarium is great. You must go there.
    시애틀 수족관은 너무 재미있어요. 거기 꼭 가봐야 해요.

- should는 I think ... should ~(…는 ~해야 할 것 같다) 또는 Do you think ... should~?(~해야 할 같습니까?) 형태로 많이 쓰입니다.
  - I think you should buy some new clothes.
    당신은 새 옷을 몇 벌 사야할 것 같네요.
  - Do you think I should buy this computer?
    이 컴퓨터를 사는 게 좋을까요?

STEP 3 Conversation

mp3 23

Sumi: You look tired today, Jack.
Jack: I have a bad headache.
Sumi: You shouldn't work too hard.
Jack: I have a stomachache as well.
Sumi: Then, you should see a doctor. Also, you should get some rest.

> 수미: 잭, 너 오늘 좀 피곤해 보여. / 잭: 머리가 너무 아파. / 수미: 너무 무리하지 마. / 잭: 배도 아픈데. / 수미: 그럼, 병원에 가봐. 그리고 좀 쉬어야겠다.

STEP 4 Exercises

해답 214쪽

1. 다음의 여섯 사람에게 가장 적당한 충고를 A~F에서 고르세요.

1.  I have a sore throat.
I have a cough. (D)

2.  We're always cold. (　)

3.  I have bad dreams. (　)

4.  My room is messy. (　)

5.  I want to go home. (　)

6.  I have a stomachache. (　)

| advice |

A. You should ride a spaceship.
B. You shouldn't eat old cheese at night.
C. You shouldn't live in Alaska. Go to Hawaii.
D. You should stop smoking.
E. You shouldn't eat watermelon and hamburgers at the same time.
F. You should clean your room.

② 다음은 서양의 식사예절입니다. 그림을 보고 should, shouldn't를 넣어 문장을 완성하세요.

1. The knife shouldn't be on the left.
2. She _____ lift her bowl.
3. He _____ smoke at the table.
4. She _____ point with the knife.
5. He _____ use his fingers to eat.

③ 나쁜 습관이 있는 Ben에게 shouldn't와 보기에서 적당한 동사를 골라 충고하는 표현을 만들어 보세요.

1. You   shouldn't   read too many comic books.
2. _____ _____ _____ too many computer games.
3. _____ _____ _____ up late.
4. _____ _____ _____ late for the appointment.
5. _____ _____ _____ on the phone too long.

| 보기: | play | be | talk | read | stay |

Would you come here, please?
이쪽으로 와 주시겠어요?

LESSON 조동사(5) – 허가, 부탁, 제안, 권유

STEP 1　Key Sentences

다음을 영어로 말할 수 있습니까?

1. 여기서 담배를 피워도 될까요?
2. 텔레비전을 틀어 줄까요?
3. 커피 한 잔 드릴까요?

1. **May I smoke here?**
2. **Shall I turn on the TV?**
3. **Would you like a cup of coffee?**

STEP 2　Grammar Points

🔵 '~해 주시겠어요?'라고 남에게 부탁할 때는 Can you ~?, Could you ~?, Would you ~?를 쓸 수 있습니다. Can you ~?보다는 Could you ~?, Would you ~?가 공손하게 부탁하는 표현이 됩니다.

- Can you lend me your book? 책을 빌려 줄래요?
  – Sure. 네.
- Could you take a photo of us, please? 우리 사진을 찍어 주시겠어요?
  – Certainly. 그러지요.
- Would you come here, please? 이쪽으로 와 주시겠어요?
  – Sure. 네.

🔵 '~해도 될까요?'라고 허락을 청할 때는 Can I ~?, Could I ~?, May I ~?를 쓸 수 있습니다. Can I ~?보다는 Could I ~?, May I ~?가 공손하게 허락을 청하는 표현이 됩니다.

- Can I open a window? 창문을 열어도 될까요?
  – Of course. 네.

- Could I borrow your pen? 펜을 좀 빌려도 되겠어요?
  - Certainly. 그러세요.
- May I smoke here? 여기서 담배 피워도 될까요?
  - I'm sorry, you can't. 미안하지만 안 됩니다.

'제가 ~할까요?'라고 상대의 의향을 물을 때는 Shall I ~?, Can I ~?를 쓸 수 있습니다.

- Shall I turn on the TV? 텔레비전을 틀어 줄까요?
  - Thank you. 고마워요.
- Can I carry your bag? 가방을 들어 줄까요?
  - No, thanks. I'm fine. 고맙지만 괜찮아요.

'…은 어떠세요?'라고 상대에게 권유할 때는 Would you like+명사?, Would you like to+동사? 형식으로 묻습니다.

- Would you like a cup of coffee? 커피 한 잔 드릴까요?
  - Yes, please. 네, 주세요.
- Would you like to go for lunch? 점심 먹으러 가실래요?
  - Sorry. Not now. 미안해요. 지금은 안 돼요.

STEP 3 Conversation   mp3 24

In a park

Tom: Excuse me. Could you take a photo of us, please?

A woman: Sure. Are you ready? Say "cheese."

Tom: Thank you.

A woman: No problem. But would you take a photo of me, too?

> 톰: 실례지만, 사진 좀 찍어 주시겠어요? / 여성: 그러지요. 준비됐나요? 자, 웃으세요. / 톰: 고마워요. / 여성: 천만에요. 그런데, 저도 좀 찍어 주시겠어요?

24. 조동사(5) – 허가, 부탁, 제안, 권유

STEP 4 Exercises

해답 215쪽

1. 찬호가 어학원 선생님께 '~해 주시겠어요?'라고 여러 가지 요청을 하고 있습니다. ( ) 안에 있는 말을 써서 Could you ~, please? 문장을 만드세요.

   1. **Chanho:** (speak more slowly) <u>Could you speak more slowly, please?</u>
      Teacher: Of course.

   2. **Chanho:** (say it again) _____
      Teacher: Sure.

   3. **Chanho:** (help me) _____
      Teacher: Certainly.

   4. **Chanho:** (take us to the musical) _____
      Teacher: I'm sorry. I'm busy.

   5. **Chanho:** (be our tour guide) _____
      Teacher: No way. Forget it!

2. 수미가 처음 해외여행을 했습니다. 여러 장소에서 '~해도 되겠습니까?' '~을 부탁합니다'라고 Could I ~?를 써서 말했습니다. 주어진 말을 써서 문장을 만들고 어느 장소에서 한 말인지 보기에서 골라 쓰세요.

   1. have a pizza
      A: <u>Could I have a pizza, please?</u> (restaurant)
      B: Certainly.

   2. have a window seat
      A: _____ (   )
      B: No problem.

   3. speak to a Korean operator
      A: _____ (   )
      B: Just a moment.

4. exchange Korean won
   A: _____ (   )
   B: Yes.

> 보기: restaurant   phone booth   airport   bank

3. 찬호가 같은 반 친구 Julia에게 권유하고 있습니다. ( ) 안의 말과 Would you like to ~?를 써서 문장을 완성하세요.

   1. **Chanho:** (go shopping) <u>Would you like to go shopping?</u>
      Julia: I don't like going shopping.

   2. **Chanho:** (play badminton) _____
      Julia: I don't like sports.

   3. **Chanho:** (go to a movie) _____
      Julia: I'm not interested in a movie.

   4. **Chanho:** (go to a restaurant tonight) _____
      Julia: That's great. I'd like to have Italian food!.

4. 웨이터와 Tom의 대화를 보기에 있는 말을 써서 완성하세요.

   Waiter: <u>May I</u> help you?
   Tom: _____ see the menu, please?
   Waiter: Certainly. Here you are. _____ something to drink?
   Tom: Yes, please. _____ bring me a glass of water?

   > 보기: Could you   Could I   Would you like   May I

Soccer is more interesting than a movie.
축구가 영화보다 재미있어요.

LESSON

비교(1) – 비교급 비교

STEP 1 Key Sentences

다음을 영어로 말할 수 있습니까?

1. 지구는 달보다 더 크다.
2. 건강이 돈보다 중요하다.
3. 커피하고 홍차 중에 어느 쪽을 더 좋아하세요?

1. **The earth is bigger than the moon.**
2. **Health is more important than money.**
3. **Which do you like better, coffee, or tea?**

STEP 2 Grammar Points

🔵 형용사나 부사는 성질이나 정도의 차이를 나타내기 위해 어형변화를 합니다. 이것을 비교라고 하며 비교에 쓰는 형용사·부사의 형태는 원급, 비교급, 최상급의 세 종류가 있습니다.

🔵 둘 중에 어느 한 쪽이 다른 쪽보다 '더 ~하다'고 비교할 때는 형용사, 부사의 비교급을 씁니다. 비교급을 만드는 방법은 다음과 같습니다.

1음절의 말	그대로 -er을 붙인다.	cold → colder old → older
	-e로 끝나는 말은 -r만 붙인다.	nice → nicer close → closer
	어미가 단모음+단자음이면 자음을 하나 더 쓰고 -er을 붙인다.	big → bigger hot → hotter
	어미가 자음+y면 y를 i로 고치고 -er을 붙인다.	busy → busier happy → happier
2음절 이상의 말	원급 앞에 more를 붙인다.	difficult → more difficult important → more important
불규칙한 것		good → better bad → worse many(much) → more

- 비교급은 '…보다'라는 의미의 접속사 than ...과 함께 씁니다.
  - The earth is bigger than the moon. 지구는 달보다 더 크다.
  - Soccer is more interesting than a movie. 축구가 영화보다 더 재미있다.
  - Health is more important than money. 건강이 돈보다 중요하다.

- than 뒤에 인칭대명사를 쓸 때는 me, him, her, them 등 목적격을 씁니다.
  - I am a better student than him. 나는 그보다 좋은 학생이다.
    = I am a better student than he is.

- 'A와 B 중에 어느 쪽이 더 ~합니까?'라는 의문문은 Which(Who)+비교급, A or B? 형식을 씁니다.
  - Which do you like better, coffee or tea?
    커피하고 홍차 중에 어느 쪽을 더 좋아하세요?
    - I like coffee better. 커피를 더 좋아해요.

- 'A는 B보다 덜 ~하다'라고 정도가 상대보다 낮다는 것을 나타낼 때는 A ~ less+형용사(부사)+than B 형식으로 표현합니다. 이 표현은 A ~ not as+원급+as B 로 바꿔 말할 수 있습니다.(Leson 26 참조) 회화에서는 not as+원급+as ... 로 표현이 주로 쓰입니다.
  - This book is less interesting than that one.
    이 책은 저 책보다 덜 재미있다.
    → This book is not as interesting as that one.

- 비교하면서 그 의미를 강조할 때는 much, a lot, far, even 등의 부사를 씁니다.
  - Jack is much taller than I
    잭은 나보다 키가 훨씬 크다.
  - She spends far more time practicing than any other players.
    그녀는 다른 선수들보다 훨씬 더 많은 시간을 연습하는데 쓴다.

STEP 3 Conversation 🔊 mp3 25

Sally: I really like this country. It's better than my country.

Chanho: Really? Why?

Sally: The people are friendlier. The streets are cleaner. The weather is nicer.

Chanho: That's great. Nothing bad?

Sally: Well, The Korean language is more difficult. I just can't understand anyone.

> 샐리: 이 나라가 정말 마음에 들어. 우리나라보다 더 좋은걸. / 찬호: 그래? 왜? / 샐리: 사람들이 더 친절하고 거리도 더 깨끗해. 날씨도 더 좋아. / 찬호: 잘 됐네. 나쁜 점은 없어? / 샐리: 그러니까, 한국어가 더 어려워. 사람들이 말하는 걸 전혀 알아들을 수 없어.

Grammar Plus

음절

영어 사전을 보면 한 단어가 ● 또는 -로 구분되어 있는 것을 볼 수 있습니다. 이것은 영어를 모국어로 말하는 사람이 느끼는 소리의 단락을 의미합니다(실제로 거기서 띄어읽는 경우는 없습니다). 예를 들면 Korea는 Ko●rea로 되어 있으므로 소리의 단락이 둘 있다는 것을 알 수 있습니다. 이 소리의 단락을 음절이라고 합니다. 즉 Korea는 음절을 둘 가진 말입니다. 이것을 '이 단어는 두 음절로 구성되어 있다' 또는 '이 단어는 2음절 단어다' 등으로 말합니다.

STEP 4 Exercises

해답 216쪽

① 비교급을 쓰세요.

1. tall   taller
2. dangerous _____
3. young _____
4. expensive _____
5. high _____
6. exciting _____
7. big _____
8. good _____
9. happy _____
10. bad _____
11. difficult _____
12. many _____

② 그림을 보고 둘을 비교하는 문장을 만드세요.

1. tall

Jack is taller than Tom.

2. young

_____

3. high

_____

4. big

_____

5. difficult

가 나 다   Korean
月 火 水   Chinese

_____

6. dangerous

_____

③ 주어진 형용사를 변화시켜 둘을 비교하는 문장을 만드세요.

1. a sport car / a sedan

a. A sports car is faster than _____.
b. _____ is _____ than _____.
c. _____ is _____ than _____.

popular   fast   dangerous

2. bean curd / a cheese cake

a. _____ is _____ than _____.
b. _____ is _____ than _____.
c. _____ is _____ than _____.

delicious   sweet   healthy

3. horse racing / dog racing

a. _____ is _____ than _____.
b. _____ is _____ than _____.
c. _____ is _____ than _____.

expensive   fashionable   exciting

④ 인호와 수미가 좋아하는 배우에 관해 말씨름하고 있습니다. ( ) 안의 말을 알맞게 바꿔 대화를 완성하세요.

Sumi: Jackie Chan movies are great.

Inho: Arnold Schwarzenegger movies are ___better___ (good) than Jackie Chan movies. Arnold is _____ (big) and _____ (strong) than Jackie.

Sumi: But Jackie is _____ (funny) than Arnold.

Inho: Wait a minute. I don't like action movies any way. Let's get this documentary video. It's more interesting.

LESSON 26

Who is the most richest person?
누가 가장 부자이죠?

비교(2) – 최상급 비교

STEP 1 Key Sentences

다음을 영어로 말할 수 있습니까?

1. 이것이 이 마을에서 가장 높은 빌딩이다.
2. 그녀는 한국에서 가장 유명한 가수이다.
3. 그 넷 중에서 어느 것이 가장 큽니까?

1. **This is the highest building in this town.**
2. **She is the most famous singer in Korea**
3. **Which is the biggest of the four?**

STEP 2 Grammar Points

최상급은 셋 이상의 것 중에 '가장 ~하다'라는 의미이며, 최상급 앞에는 원칙적으로 the를 붙입니다. 최상급을 만드는 방법은 다음과 같습니다(비교급: Lesson 25 참조).

1음절의 말	그대로 -est를 붙인다.	tall → tallest long → longest
	-e로 끝나는 말은 -st만 붙인다.	large → largest free → freest
	어미가 단모음+단자음이면 자음을 하나 더 쓰고 -est를 붙인다.	big → biggest sad → saddest
	어미가 자음+y면 y를 i로 고치고 -est를 붙인다.	funny → funniest happy → happiest
2음절 이상의 말	원급 앞에 most를 붙인다.	beautiful → most beautiful expensive → most expensive
불규칙한 것		good → best bad → worst many(much) → most

- This is the highest building in this town. 이것이 이 마을에서 가장 높은 빌딩이다.
- She is the most famous singer in Korea. 그녀는 한국에서 가장 유명한 가수이다.

💧 '…중에서'라고 장소나 집단을 제한할 때는 in 또는 of를 씁니다.

1. in ~(~에서): 장소, 범위
   - the most popular boy in the class 반에서 가장 인기 있는 소년
   - the longest river in the world 세계에서 가장 긴 강
2. of ~(~중에서): 숫자, 연도 등
   - the best film of the year 올해 최고의 영화
   - the tallest boy of the three 셋 중에 가장 키가 큰 소년

💧 '가장 ~한 것 중 하나'라고 할 때는 〈one of the+최상급+복수명사〉로 표현합니다.
   - Seoul is one of the most beautiful cities in the world.
     서울은 세계에서 가장 아름다운 도시 중 하나이다.

💧 '…중에 어느 것이 가장 ~합니까?'라고 물을 때는 Which(Who) is the+최상급+of(in) ~? 형식으로 씁니다. 대답할 때는 주어+be동사 형식으로 합니다.
   - Which is the biggest of the four? 그 넷 중에 어느 것이 가장 큽니까?
     – This blue one is. 이 파란 것입니다.

STEP 3 Conversation

Sally: Who is the most interesting person around here?
Chanho: Oh, I'm the most interesting person.
Sally: I see. Who is the most handsome man?
Chanho: Me, of course. I'm the most handsome man, the best singer, the most popular person around here.

(After having dinner)

Sally: (YAWN) So, who is the richest person?
Chanho: Of course, you are. So please pay for the dinner.

> 샐리: 여기서 가장 재미있는 사람이 누구지? / 찬호: 내가 가장 재미있는 사람이지. / 샐리: 알겠어. 누가 가장 잘 생겼지? / 찬호: 물론 나지. 제가 제일 잘 생겼고 노래도 가장 잘하고 인기도 최고지. / (저녁식사가 끝나고) 샐리: (하품) 그럼 누가 가장 부자이지? / 찬호: 물론 너지. 그러니까 저녁을 사.

STEP 4 Exercises

해답 217쪽

1 최상급을 쓰세요.

1. long   longest
2. funny   _____
3. tall   _____
4. beautiful   _____
5. cold   _____
6. interesting   _____
7. big   _____
8. bad   _____
9. large   _____
10. good   _____
11. happy   _____

2 다음은 열차 안에 있는 사람들 중 누굴 가리키는지 그 기호를 쓰세요.

1. the strangest ( )
2. the tallest   ( )
3. the funniest   ( )
4. the saddest   ( )
5. the happiest   ( )
6. the oldest   ( )

3 ( ) 안에 있는 말을 알맞게 고쳐 쓰세요.

1. She is (diligent) of the three girls.   _____
2. Jim comes to school (early) of us all. _____
3. Who is the (old) in your family?   _____

26. 비교(2) – 최상급 비교

4. 우리말의 의미와 어울리도록 알맞은 말을 넣어 문장을 완성하세요.

1. 이 방이 우리 학교에서 가장 크다.
   This room is _____ _____ _____ our school.

2. 지금 이 영화가 한국에서 가장 인기가 있다.
   This movie _____ _____ _____ _____ Korea now.

3. 나는 모든 달 중에 5월을 가장 좋아한다.
   I _____ May _____ _____ _____ all months.

5. 우리말의 의미와 어울리도록 ( ) 안의 말을 나열해서 문장을 완성하세요.

1. 이 상자들 중에 어느 것이 가장 큽니까?
   (biggest, the, of, boxes, is, which, these, ?)

   _____

2. 모든 학생들 중에 그녀가 가장 행복하다.
   (all, the, she, is, the, happiest, of, students, .)

   _____

LESSON 27

Soccer is as popular as baseball.
축구는 야구만큼 인기가 있어요.

비교(3) – 원급 비교

STEP 1 Key Sentences

다음을 영어로 말할 수 있습니까?

1. 곰은 말처럼 빨리 달릴 수 있다.
2. 뉴욕은 서울만큼 물가가 비싸지 않다.
3. 이 방은 저 방보다 두 배 더 크다.

1. **The bear can run as fast as the horse.**
2. **New York is not as expensive as Seoul.**
3. **This room is twice as large as that one.**

STEP 2 Grammar Points

🔵 둘을 비교해서 '비슷하다'고 정도가 같다는 것을 나타내는 비교형식을 동등비교라고 합니다. 원급을 써서 나타내는 비교는 A ~ as+형용사·부사의 원급+as B 형식으로 씁니다.

- The bear can run as fast as the horse. 곰은 말처럼 빨리 달릴 수 있다.
- Soccer is as popular as baseball. 축구는 야구만큼 인기가 있다.

🔵 'A는 B만큼 ~하지 않다'고 정도가 낮다는 것을 말할 때는 A ~ not as+형용사·부사의 원급+as B로 표현합니다.
- New York is not as expensive as Seoul. 뉴욕은 서울만큼 물가가 비싸지 않다.

Lesson 25의 비교급(than ...)을 써서 같은 의미를 표현할 수 있습니다.
- Seoul is more expensive than New York. 서울은 뉴욕보다 물가가 비싸다.

🔵 as ~ as ...나 not as ~ as ...의 as 뒤에 쓰는 인칭대명사는 me, you, him, her, us,

27. 비교(3) – 원급 비교   **131**

them 등 목적격을 씁니다.

- I'm as tall as him. 나는 그와 키가 같다.
  I'm as tall as he is.라고 해도 됩니다.

- I'm not as lazy as them. 나는 그들만큼 게으르지 않다.
  I'm not as lazy as they are.라고 해도 됩니다.

💡 'A는 B보다 …배 더 ~하다'라고 할 때는 A ~+배수사+as ~as B 형식으로 합니다.
  - This room is twice as large as that one. 이 방은 저 방보다 두 배 더 크다.
  - America is forty times as large as Korea. 미국은 한국보다 40배는 더 크다.

STEP 3 Conversation   🔊 mp3 27

Sumi: I've been to New York. New York is an expensive city.

Paul: Yes, it's an expensive city. But it's not as expensive as Seoul.

Sumi: How do you know that?

Paul: Look at the prices of hamburgers. In New York, my favorite cheeseburger is less than a dollar. But, in Seoul, it's over two dollars.

> 수미: 뉴욕에 다녀왔어. 뉴욕은 물가가 비싼 도시야. / 폴: 그래, 물가가 비싸지. 그런데 서울만큼 비싸진 않아. / 수미: 그걸 어떻게 알지? / 폴: 햄버거 가격을 봐. 뉴욕에서는 내가 좋아하는 치즈버거 하나에 1달러도 안 하는데 서울에서는 2달러가 넘어.

STEP 4 Exercises

해답 217쪽

① 영문을 읽고 맞는 그림을 골라 기호를 쓰세요.

1.
Sam's house is big.
But his house is not as big as Barbara's.
Sam's house is (a).

2.
Annie has long hair.
But her hair isn't as long as Jane's.
Jane is (　).

3.
Tony is funny.
But he is not as funny as Peter.
Tony is (　).

4.
Sally is tall.
But she isn't as tall as Susie.
Susie is (　).

② 찬호와 수미가 새해맞이 여행에 관해 이야기 하고 있습니다. (　) 안의 말과 as ~ as, not as ~ as를 써서 대화를 완성하세요.

Sumi: So let's go to Alaska.

Chanho: That's interesting, but it's cold there.

Sumi: What about Sweden? It is not as cold as (not cold) Alaska.

Chanho: But it _____ (not interesting) Alaska. What about Bangkok?

Sumi: Bangkok _____ (crowded) Seoul. I like a quiet place.

Chanho: Then, let's stay at home!

3 알맞은 말을 넣어 대화를 완성하세요.

1. A: A dog is intelligent.
   B: Yes. But a dog is not as intelligent as a dolphin.
      A dolphin is _more_ _intelligent_ .

2. A: Korean food is delicious.
   B: Yes, but Korean food is _____ _____
      delicious _____ Italian food.
      Italian food is more delicious.

3. A: English is difficult.
   B: Yes, but English is not as difficult as Chinese.
      Chinese is _____ _____ .

4. A: Pagers are useful.
   B: Yes, but they are _____ _____ useful
      _____ mobile phones.
      Mobile phones are more useful.

4 부정문으로 바꿔 쓰세요.

1. My teacher is as tall as my brother.
   _____

2. Jim is as old as Janet.
   _____

3. Jack gets up as early as his mother.
   _____

4. Inho can run as fast as Jinwoo.
   _____

5. My pencil is as long as yours.
   _____

I want to go to India.

나는 인도에 가고 싶어요.

LESSON

부정사(1) – to부정사와 동명사

STEP 1 Key Sentences

다음을 영어로 말할 수 있습니까?

1. 미술을 공부하고 싶어요.
2. 나는 저녁식사를 끝마쳤다.
3. 비가 오기 시작했다.

1. **I want to study art.**
2. **I finished eating dinner.**
3. **It began to rain. = It began raining.**

STEP 2 Grammar Points

🔵 동사를 둘 연속해서 써서 '…하는 것을 ~한다'라고 표현하는 방법에는 to부정사를 써서 나타내는 방법과 동명사를 써서 나타내는 두 가지 형식이 있습니다.

1. 동사+to부정사

부정사가 명사처럼 쓰일 때는 문장의 목적어로 쓰일 경우가 많은데 to부정사를 목적어로 쓰는 동사들이 있습니다. to부정사가 미래의 일을 나타내므로 대개 미래에 대한 기대·희망 등을 나타내는 동사입니다.

- 부정사를 써야 하는 동사

    want to ~(~하고 싶다)   hope to ~(~하는 것을 바라다)
    learn to ~(~하는 것을 배우다)   decide to ~(~할 것을 결정하다)
    try to ~(~하려고 하다)   promise to ~(~할 것을 약속하다)

  ⓔ want+study

    I want to study art. 미술을 공부하고 싶다.

  ⓔ hope+see

    I hope to see you. 당신을 만나길 바란다.

2. 동사+동명사

동명사도 명사 역할을 하므로 동사의 목적어로 쓰입니다. to부정사만을 목적어로 쓰는 동사가 있듯이 동명사만을 목적어로 쓰는 동사들이 있습니다.

- 동명사를 써야 하는 동사

  enjoy -ing(~하는 것을 즐기다)   finish -ing(~하는 것을 끝내다)
  stop -ing(하는 것을 멈추다)   dislike -ing(~하는 것을 싫어하다)
  practice -ing(~하는 것을 연습하다) mind -ing(~하는 것을 신경 쓰다)

  예) enjoy+sing
      I enjoy singing. 노래 부르는 것을 좋아한다.

  예) finish+eat
      I finished eating dinner. 저녁식사를 끝마쳤다.

to부정사와 동명사 둘 다 목적어로 쓸 수 있는 동사도 있습니다.

like(좋아하다)   love(사랑하다)
begin(시작하다)   hate(싫어하다)
prefer(보다 좋아하다)

예) like+run
    I like to run. = I like running. 달리는 것을 좋아한다.

예) begin+rain
    It began to rain. = It began raining. 비가 오기 시작했다.

STEP 3 Conversation

Chanho: I enjoy visiting other countries. Some day, I hope to study archaeology in Egypt.

Jane: Really? I want to go to India, too. But I don't want to study archaeology. I just want to see the Great Pyramid.

찬호: 난 다른 나라에 가보는 것을 좋아해. 언제 이집트에 가서 고고학을 공부하고 싶어. / 제인: 그래? 나도 이집트에 가고 싶어. 하지만 고고학은 공부하고 싶지 않아. 대피라미드를 보고 싶을 뿐이야.

Grammar Plus

준동사

동사처럼 인칭·수·시제에 따라 어형변화는 하지 않지만 동사처럼 목적어나 보어를 갖거나 부사적인 수식어를 갖는 동사를 준동사라고 합니다. 준동사에는 부정사, 동명사, 분사가 있습니다.

■ 부정사

to에 동사원형을 붙여 쓴 형태로 본래의 동사적 의미를 유지하면서 명사, 형용사, 부사 등 다양한 품사 역할을 한다고 부정사라고 부릅니다. 부정사에는 to있는 부정사(to+동사원형)와 to없는 부정사인 원형부정사가 있습니다.

■ 동명사

동사원형에 -ing를 붙인 형태로 동사가 명사처럼 쓰인다고 동명사라고 부릅니다. 동명사는 동사의 성질을 가졌지만 부정사와는 달리 명사로만 쓰이며 명사로서의 성질이 있으므로 문장의 주어·보어·목적어가 될 수 있습니다.

■ 분사

분사도 동사에서 온 것으로 동사원형에 -ing나 -ed를 붙인 것을 말합니다. -ing를 붙인 것을 현재분사, -ed를 붙인 것을 과거분사라고 합니다. 동사의 성질을 가진 형용사이므로 명사나 대명사를 수식하거나 설명해 주는 역할을 합니다.

부정사의 용법이란?

흔히 부정사의 '~용법' 또는 '~용법의 부정사'라고 하는데 무슨 의미인지 알아보겠습니다.

다음의 문장을 볼까요.

To speak English well is difficult. 영어를 잘 하는 것은 어렵다.

이 예문의 To speak(말하는 것)는 동사 is의 주어입니다. 주어가 될 수 있는 것은 명사 역할을 하는 말뿐이므로 이 To speak가 명사 역할을 하고 있습니다. 이것을 부정사의 명사적 용법이라 합니다.

즉, 부정사의 '~용법'이란 것은 부정사가 문장에서 어떤 품사 역할을 하고 있는지를 나타내는 용어로 명사적 용법, 형용사적 용법, 부사적 용법이 있습니다.

(1) 문장에서 S, O, C의 어느 하나로 쓰이면 명사적 용법
(2) 앞에 있는 명사를 수식하고 있으면 형용사적 용법
(3) 위의 두 가지에 해당하지 않으면 부사적 용법

STEP 4 Exercises

해답 218쪽

1. 다음의 동사가 어디에 속하는지 쓰세요.

> hate   want   enjoy   practice   finish   promise   learn   like

1. 동사+to부정사
   I _want_ to sing.
   I _____ to sing.
   I _____ to sing.

2. 동사+동명사
   I _enjoy_ reading.
   I (   ) reading.
   I (   ) reading.

3. 동사+to부정사 또는 동명사
   I _like_ to run(running).
   I _____ to run(running).

2. ( ) 안의 동사를 알맞은 형태로 바꿔 써 넣으세요.

1. I like _jogging_. (jog)
2. I enjoy _____ in the park. (sit)
3. I hate _____ at home. (stay)
4. I hope _____ other countries. (visit)
5. I dislike _____ books in the library. (read)
6. I want _____ out every day. (go)

3. ( ) 안의 말과 Do you like ~?을 써서 의문문을 만드세요.

1. (dance) _____?
2. (read science-fiction) _____?
3. (watch TV) _____?
4. (swim) _____?

④ ( ) 안의 동사를 알맞게 고쳐 써 넣으세요.

1. A: I'm an only child. I wanted to have a cute little sister. (have)
   B: You're lucky. All my life I wanted _____ an only child. (be)
      Because I have five sisters.

2. A: You are a very good swimmer.
   B: I learned _____ a long time ago. (swim)
      I've been swimming for many years.

3. A: I don't like _____ this program. (watch)
   B: Me neither. It's so boring.
      Let's change the channel.

4. A: Have you finished _____ your room? (clean)
   B: No, I haven't. I've been busy with my gardening.

5. A: I've enjoyed _____ with you. (talk)
   B: Me too. Good-bye. I hope _____ you again soon. (see)

⑤ 선생님과 학생의 말을 나타내는 영문을 만들어 보세요.(보기를 이용하세요.)

English teachers:

We don't like to have lazy students.
We enjoy _____.
We want _____.
We don't mind _____.
We try _____.

Students:

We love to talk with friends.
We don't enjoy _____.
We don't want _____.
We prefer _____.
We hope _____.

> 보기: to have lazy students, teaching English, to talk with friends
> to pass the exams, doing lots of homework
> to teach well, to have strict teachers, to have good students
> playing computer games, working long hours

I want you to help me.
나를 좀 도와주세요.

LESSON 부정사(2) – 동사+목적어+to부정사

STEP 1 Key Sentences

다음을 영어로 말할 수 있습니까?

1. 나는 당신이 규칙을 지켜주길 바란다.
2. 나는 그가 거기 가주길 바랐다.
3. 나는 그에게 창문을 열어달라고 요청했다.

1. **I want you to obey the rules.**
2. **I wanted him to go there.**
3. **I asked him to open the window.**

STEP 2 Grammar Points

💧 다른 사람이 무엇을 하길 원할 때는 〈동사+목적어+to부정사〉 형태로 씁니다.
- I want you to obey the rules. 나는 당신이 규칙을 지켜주길 바란다.
- Jane wants her husband to cook dinner.
  제인은 남편이 저녁을 지어 주길 바라고 있다.

💧 목적어 자리에 쓰는 대명사는 me, you, him, her, it, us, them 등 목적격을 써야 합니다.
- I want him to study hard. 그가 열심히 공부하면 좋겠다.

  I want he to study hard.라고 하면 안 됩니다.

💧 이런 형식으로 쓰는 동사는 want 외에도 expect(기대하다), ask(부탁하다), tell(말하다), teach(가르치다), help(돕다) 등이 있습니다.
- I expect Jack to drive a car. 잭이 운전해주길 바란다.
- I tell Jack to drive a car. 잭에게 운전하라고 한다.
- I ask Jack to drive a car. 잭에게 운전하라고 요청한다.

- I teach Jack to drive a car. 잭에게 운전을 가르친다.
- I help Jack to drive a car. 잭이 운전하는 것을 도와준다.

💡 want to~(~하고 싶다)와 want + ... + to~(…가 ~해 주길 바란다)의 차이에 주의해야 합니다.

- I want to go. 나는 가고 싶다.
  I want you to go. 당신이 가주면 좋겠다.
- She wants to sing. 그녀는 노래 부르고 싶어 한다.
  She wants them to sing. 그녀는 그들이 노래를 불러주길 바란다.

STEP 3 Conversation 🔊 mp3 29

On the first day at a homestay

Host mother: Welcome to our family. We expect you to be a family member. So, we want you to obey the family rules.

Chanho: What are they?

Host mother: The first rule is, you must be happy here. We want to help you any time. Do you have any requests?

Chanho: Yes, I want you to help me. Please do my English homework for me every day.

> (홈스테이 첫 날) 주인집 어머니: 우리 집에 온 것을 환영해요. 우린 당신이 가족의 한 사람이 되어 주길 바래요. 그래서 우리 가족의 규칙을 지켜 주면 좋겠어요. / 찬호: 어떤 규칙이죠? / 주인집 어머니: 먼저, 여기선 즐겁게 지내는 겁니다. 우리가 언제든 돕고 싶어요. 무슨 부탁할 건 없나요? / 찬호: 있어요. 저를 좀 도와 주셨으면 하는데요. 매일 제 영어 숙제를 해 주세요.

STEP 4 Exercises

해답 219쪽

1. 아내가 남편에게 주말에는 집에 있으라고 말하고 있습니다. 보기에서 알맞은 말을 골라 문장을 완성하세요.

   I want you to stay home this weekend.

   1. ... Because I _want_ you _to do_ the laundry.
   2. ... Because I _____ you _____ dinner.
   3. ... Because I _____ you _____ the house.
   4. ... Because I _____ you _____ the dishes.
   5. ... Because I _____ you _____ with me.

   And, because I love you, of course!

   보기: clean   do   cook   be   do

2. 신데렐라에게 여러 가지 일을 시키고 있는 새어머니와 언니들의 말을 완성하세요.(보기에 있는 말을 이용하세요.)

   1. I _want_ you _to clean_ the house.
      I _____ you _____ dinner.
      I _____ you _____ our leftovers.

   2. I _____ you _____ my hair.
      We _____ you _____ away.
      Because our guest is coming.

   3. We _____ you _____ our clothes.

   보기: clean   eat   comb   go   cook   wash

3] Jack이 아마존 여행을 가게 되어, 브라질 출신 Marcia가 출발 전에는 '~하도록 해'라고 Jack에게 말하고 있습니다. (예)와 같이 영문을 완성하세요.

  예 (get a visa) Marcia told Jack to get a visa.
  1. (learn Spanish) _____
  2. (buy a map) _____
  3. (find a guide) _____

그러고 나서 Marcia가 Jack의 준비를 도와주었습니다. (예)와 같이 영문을 완성하세요.

  예 (get a visa) Marcia helped Jack to get a visa.
  1. (learn Spanish) _____
  2. (buy a map) _____
  3. (find a guide) _____

4] Alice는 모든 일을 자기 마음대로 하려고 합니다. me, it, him, her, us, them을 넣어 문장을 완성하세요.

1. I don't want to go shopping.
   But Alice wants ___me___ to go shopping.
2. Alice's friends don't want to sing.
   But Alice wants _____ to sing.
3. Alice's brother doesn't want to watch TV.
   But Alice wants _____ to watch TV.
4. Alice's dog wants to sleep.
   But Alice wants _____ to play with her.
5. Bob and Jane don't want to play tennis.
   But Alice wants _____ to play tennis.
6. Alice's sister doesn't want to marry Simon.
   But Alice wants _____ to marry Simon.
7. Bob and I don't want to play computer games.
   But Alice wants _____ to play computer games with her.

Oh, Alice! Be more considerate of others! The world doesn't revolve around you!

30 He came to help me.
그는 나를 도우러 왔어요.

LESSON 부정사(3) – to부정사의 부사적 용법, 형용사적 용법

STEP 1 Key Sentences

다음을 영어로 말할 수 있습니까?

1. 낸시는 그 책을 빌리러 도서관에 갔다.
2. 나는 그 편지를 받고 기뻤다.
3. 나는 해야 할 숙제가 많다.

1. **Nancy went to the library to borrow the book.**
2. **I was glad to receive the letter.**
3. **I have a lot of homework to do.**

STEP 2 Grammar Points

🔵 to부정사는 부사처럼 동사나 형용사를 수식할 수 있습니다.
'~하기 위하여, ~하려고'라는 행동의 목적을 나타내고 싶을 때는 to부정사를 쓸 수 있습니다.

- I'm going to McDonald's to meet my friends.
  친구들을 만나러 맥도널드에 가는 중이다.
- Nancy went to the library to borrow the book.
  낸시는 그 책을 빌리러 도서관에 갔다.
- Jim studied hard to pass the exam. 짐은 시험에 합격하려고 열심히 공부했다.
- He came to help me. 그는 나를 도우려고 왔다.

🔵 감정을 나타내는 형용사 glad, sorry, happy 뒤에 to부정사를 쓰면 '~하여서, ~하고, ~하다니'라는 감정의 원인이나 이유를 표현할 수 있습니다.

- I'm happy to see you again. 당신을 다시 만나서 기쁘다.
- I was glad to receive the letter. 나는 그 편지를 받고 기뻤다.

- He must be a fool to do such a thing.
  그런 일을 하다니 그는 틀림없이 바보다.

🔵 to부정사는 good, bad 등의 형용사를 뒤에서 수식해서 '~하기에, ~하는데'라는 의미를 나타냅니다. easy(쉽다), difficult(어렵다) 등도 같은 형식으로 쓸 수 있습니다.
- A: Are flies good to eat? 파리를 먹어도 괜찮아?
  B: No, why? 안 돼지, 왜?
  A: You've just eaten one in your soup. 너 방금 수프에 있던 파리를 먹었어.
- This problem is difficult to solve.
  이 문제는 풀기 어렵다.

🔵 to부정사는 명사 뒤에서 명사를 수식하는 형용사처럼 쓰이기도 합니다. '~할, ~해야 하는'의 의미로 그 명사의 용도나 쓰임을 나타냅니다.
- I have a lot of homework to do. 나는 해야 할 숙제가 많다.
- That's an expensive watch to buy. 그것은 사기에는 비싼 시계다.
- There was nothing to eat in the fridge. 냉장고에 먹을 것이 하나도 없었다.
- I want something to drink. 마실 것을 좀 주세요.

STEP 3 Conversation 🔊 mp3 30

Jane: I'm busy today. I'm going to McDonald's to meet some friends.

Chanho: I have nothing to do. I'm bored.

Jane: O.K. Here's an interesting joke for you. Why did the chicken cross the road?

Chanho: I don't know. To get some food?

Jane: No. The chicken crossed the road to get to the other side!

> 제인: 오늘 난 바빠. 친구들을 만나러 맥도널드에 갈 거야. / 찬호: 난 할 일이 없어. 심심해. / 제인: 좋아. 그럼 웃기는 이야기를 하나 해 줄게. 닭은 왜 길을 건너갔을까? / 찬호: 모르겠어. 먹을 것을 구하려고? / 제인: 아니. 닭은 길 건너편으로 가려고 길을 건넜지!

STEP 4 Exercises

해답 221쪽

1. Nancy는 바쁜 하루를 보냈습니다. 어디에 무엇을 하러 갔었는지 보기에 있는 말을 써서 문장을 완성하세요.

   1. First, she went to City Bank to get some money .
   2. Next, she went to the post office _____.
   3. Then, she went to the Lotte Department Store _____.
   4. Later, she went to a convenience store _____.
   5. After that, she went to the library _____.
   6. Finally, she went to the coffee shop _____.

   She was very happy to relax with her friends.

   > 보기: to buy some clothes   to borrow a book
   >   to buy some stamps   to meet her friends
   >   to buy some milk   to get some money

2. 보기에 있는 말을 알맞게 고쳐 Tony와 Jack의 대화를 완성하세요.

   Tony: Hi, Jack.
   Jack: Hi, Tony. I went to America last month.
   Tony: Where did you go?
   Jack: I went to L.A. to   sing   with Madonna. Then I went to Washington D.C. _____ _____ the President.
   Tony: And then, where did you go?
   Jack: I went to New York _____ _____ dinner with Bill Gates. Oh, I also went to Hollywood _____ _____ some actresses.
   Tony: Really? That's great. So have you stopped daydreaming yet?

   > 보기: see   date   have   sing

③ 밑줄 친 곳에 들어갈 알맞은 말을 보기에서 골라 넣으세요.

1. His father was surprised _____ hear the news.
2. We are _____ to hear of your grandmother's death.
3. I'm _____ to see you again.

> 보기: sorry   to   glad

④ 다음 문장 뒤에 올 말을 골라 연결하세요.

1. There is nothing • • to use this machine.
2. The woman stopped • • to drink water.
3. It is very easy • • to see the movie
4. We went to the theater • • to worry about.

⑤ ( ) 안에서 알맞은 말을 골라 써 넣으세요.

1. Jim had a lot of work to _____. (do, does, did)
2. I have a picture _____ you. (to show, showing)
3. Do you have _____? (anything read, anything to read)

⑥ 우리말의 의미와 어울리도록 알맞은 말을 써 넣으세요.

1. 차가운 마실 것 좀 주세요.
   Give me _____ _____ _____ _____.

2. 그 컴퓨터 게임을 하고 싶어요.
   I _____ _____ _____ the computer game.

3. 그는 아픈 사람을 도우려고 거기 갔다.
   He went there _____ _____ sick people.

30. 부정사(3) – to부정사의 부사적 용법, 형용사적 용법

LESSON 31

Was he arrested?
그는 체포됐나요?

수동태

STEP 1 Key Sentences

다음을 영어로 말할 수 있습니까?

1. 그 박물관은 10년 전에 건축되었다.
2. 이 그림은 피카소의 의해 그려졌다.
3. 캐나다에서는 영어가 쓰이나요?

1. **The museum was built ten years ago.**
2. **This picture was painted by Picasso.**
3. **Is English spoken in Canada?**

STEP 2 Grammar Points

- '~당하다(~되다)'라고 해석되는 문장을 수동태라고 합니다. 수동태는 〈be동사+과거분사〉 형식으로 나타냅니다.
    - He was arrested. 그는 체포됐다.
    - The museum was built ten years ago. 그 박물관은 10년 전에 건축되었다.
    - Dogs are not allowed in this restaurant. 이 식당에 개는 입장이 허용되지 않는다.

- 특별히 누가 했는지 행위자를 밝힐 필요가 있을 때는 문장 뒤에 〈by+행위자〉로 나타냅니다. 행위자가 대명사일 때는 목적격을 씁니다.
    - He was stopped by the police. 그는 경찰에 제지당했다.
    - This picture was painted by Picasso. 이 그림은 피카소에 의해 그려졌다.

- 수동태 문장의 부정문과 의문문은 be동사가 쓰인 문장의 부정문이나 의문문과 같은 형태가 됩니다. 즉, 부정문은 be동사 뒤에 not을 써서 be동사+not+과거분사, 의문문은 be동사와 주어의 위치를 바꿔 Be동사+주어+과거분사 ~?로 나타냅니다.
    - The moon is not seen tonight. 오늘밤에는 달이 보이지 않는다.
    - Is English spoken in Canada? 캐나다에서는 영어가 쓰이나요?

🔵 과거분사는 동사원형에 –ed를 붙여 쓰지만, 다음과 같은 형태로 변하는 것이 있습니다.

-ed로 끝나는 것	allow(허락하다) → allowed accept(받아들이다) → accepted	permit(허가하다) → permitted
-n으로 끝나는 것	forbid(금지하다) → forbidden draw(그리다) → drawn	show(보이다) → shown
-ght로 끝나는 것	teach(가르치다) → taught catch(잡다) → caught	bring(가져오다) → brought
-t로 끝나는 것	build(세우다) → built lend(빌리다) → lent	send(보내다) → sent
모음이 변하는 것	find(발견하다) → found	do(~을 하다) → done

🔵 수동태 문장 패턴

인칭/수		긍정문	부정문	의문문
1인칭	단수	I am stopped	I am not stopped	Am I stopped ~?
	복수	We are stopped	We are not stopped	Are we stopped ~?
2인칭	단수	You are stopped	You are not stopped	Are you stopped ~?
	복수	You are stopped	You are not stopped	Are you stopped ~?
3인칭	단수	He is stopped	He is not stopped	Is he stopped ~?
	복수	They are stopped	They are not stopped	Are they stopped ~?

STEP 3 Conversation

Sally: I was almost killed in an accident yesterday. A young man was speeding.

Chanho: Was he stopped by the police?

Sally: Yes, he was.

Chanho: Was he arrested?

Sally: No. He was just given a ticket for speeding.

> 샐리: 어제 사고로 하마터면 죽을 뻔했어. 젊은 남자가 과속을 하고 있었어. / 찬호: 그래서 그는 경찰에 제지당했어? / 샐리: 그래. / 찬호: 체포됐어? / 샐리: 아니. 속도위반 딱지만 받았어.

31. 수동태

Grammar Plus

능동태와 수동태

타동사를 쓰는 문장에서 행위를 하는 것이 주어인지, 행위를 당한 것이 주어인지를 나타내기 위해 그 타동사의 형태가 일정하게 바뀝니다. 이것을 태라고 하고 능동태와 수동태가 있습니다.

능동태는 행위를 하는 것을 주어로 하는 문장이고, 수동태는 행위를 당한 쪽에 관심을 두는 표현 형식입니다. 수동태는 원칙적으로 다음과 같이 만듭니다.

A lot of people use English. 〈능동태: 많은 사람이 영어를 사용한다.〉

English is used by a lot of people. 〈수동태: 영어는 많은 사람에 의해 사용된다〉

문장을 능동태에서 수동태로 또는 수동태에서 능동태로 바꾸는 것을 문법용어로 '태를 바꾼다(전환한다)'고 합니다.

현재분사와 과거분사의 용법

현재분사(-ing형)는 be동사와 함께 진행형을 만들거나 '~하고 있는 …'라는 의미의 형용사로 쓰여 명사를 수식하거나 보어로 쓰이기도 합니다.
현재분사는 단독으로 명사를 수식할 때는 명사 앞에 오고, 다른 말을 동반할 때는 명사 뒤에 씁니다.

  She is writing a letter. 그녀는 편지를 쓰고 있다. 〈be동사+현재분사; 진행형〉
  Look at that sleeping baby. 자고 있는 저 아기를 보세요. 〈명사 앞에서 수식〉
  Who is the man painting over there? 〈명사 뒤에서 수식〉
  저기서 그림을 그리고 있는 남자는 누구죠?

과거분사는 be동사와 함께 수동태를 만들고 have동사와 함께 완료형을 만듭니다. 또한 '~되어진 …, ~되어지는 …'라는 수동 의미의 형용사로 쓰여 명사를 수식하거나 보어로 쓰이기도 합니다.
과거분사도 현재분사처럼 단독으로 명사를 수식할 때는 명사 앞에 오고, 다른 말을 동반할 때는 명사 뒤에 씁니다.

  She has written a letter. 그녀는 편지를 다 썼다. 〈have+과거분사; 완료형〉
  The letter was written by her 〈be동사+과거분사; 수동태〉
  그 편지는 그녀에 의해 쓰여졌다.
  Look at those broken window. 깨진 저 창문을 보세요. 〈명사 앞에서 수식〉
  Tom uses a camera made in Korea. 〈명사 뒤에서 수식〉
  톰은 한국산 카메라를 쓰고 있다.

STEP 4 Exercises

해답 222쪽

1 다음 동사의 과거와 과거분사를 쓰세요.

1. begin _____ _____
2. buy _____ _____
3. work _____ _____
4. stand _____ _____
5. come _____ _____
6. know _____ _____
7. love _____ _____
8. see _____ _____
9. wash _____ _____
10. hear _____ _____

2 ( ) 안에 있는 말을 알맞은 형태로 고치세요.

1. The cup was (break) by my sister yesterday. _____
2. This book isn't (sell) at the bookstore. _____
3. The bird was (catch) by us last night. _____
4. Many trees are (cut) in this area every year. _____

3 다음 퀴즈에 들어갈 인물을 보기에서 골라 쓰세요.

1. The song "Beat It" was written by <u>Michael Jackson</u>.
2. The telephone was invented by _____.
3. America was discovered by _____.
4. Ice hockey was invented by _____.
5. Star Wars was produced by _____.

> 보기: Alexander Graham Bell   George Lucas
> Christopher Columbus   Michael Jackson
> the Canadians

31. 수동태

4 보기에 있는 동사를 알맞게 고쳐 대화를 완성하세요.

1. A: Nancy works at a convenience store.
   B: Really?
   A: She is paid 5 dollars per hour.

2. A: Cathy is in the hospital now.
   B: Why?
   A: She _____ _____ by a car.

3. A: Computers are important in our life.
   B: Yes. They _____ _____ everywhere.

4. A: What's the "World Cup?"
   B: It's a football competition. It _____ _____ every four years.

5. A: When _____ your bag _____?
   B: At ten. I was attacked by two young boys.

보기: hit   use   hold   steal   pay

5 우리말 의미와 어울리도록 ( ) 안의 말을 나열해서 영문을 완성하세요.

1. 밤에는 많은 별이 보입니다.
   (seen, many, are, at, night, stars)

   _____.

2. 이 나라에서는 무슨 말이 쓰이고 있습니까?
   (what, this, spoken, language, is, in, country)

   _____?

3. 한국은 둘로 갈라져 있습니다.
   (diveded, Korea, parts, is two, into)

   _____.

LESSON 32

I saw you leave the table.
나는 당신이 식탁을 떠나는 것을 봤어요.

지각동사 · 사역동사

STEP 1 Key Sentences

다음을 영어로 말할 수 있습니까?

1. 나는 그가 그 서점에 들어가는 것을 보았다.
2. 나는 아기가 우는 소리를 들었다.
3. 매일 선생님은 우리를 공부시킨다.

1. **I saw him enter the bookstore.**
2. **I heard the baby cry.**
3. **My teacher makes us study every day.**

STEP 2 Grammar Points

😊 Lesson 29에서 다른 사람이 무엇을 하길 원할 때는 〈동사+목적어+to부정사〉 형태로 표현하는 것을 배웠습니다. 이것과 같은 형식이지만 동사로 느낌을 나타내는 지각동사 (see, hear, fill, watch)가 쓰일 때는 to가 없는 부정사(원형부정사)를 써서 〈지각동사+목적어+원형부정사〉로 표현해야 합니다.

- I saw him enter the bookstore. 나는 그가 서점에 들어가는 것을 보았다.
- She saw Tom dance on the stage. 그녀는 톰이 무대에서 춤추는 것을 보았다.
- I heard the baby cry. 아기가 우는 소리를 들었다.
- I felt the ground shake. 땅이 흔들리는 것을 느꼈다.

😊 지각동사는 목적어 뒤에 현재분사를 써서 〈지각동사+목적어+현재분사〉 형식으로 쓰기도 합니다. 지각동사 뒤에 원형부정사를 쓰면 행위의 전 과정을 보거나 들은 것이고, 현재분사를 쓰면 어떤 행동이 진행 중일 때 순간적인 동작을 보거나 들었다는 의미가 됩니다.

see+사람(사물)+원형부정사: …가 ~하는 것을 보다
see+사람(사물)+현재분사: …가 ~하고 있는 것을 보다

32. 지각동사 · 사역동사

- Tom watched John play the game. 톰은 존이 게임을 하는 것을 지켜봤다.
  → 존이 게임을 하는 것을 처음부터 끝까지 지켜봤다.
- Tom watched John playing the game. 톰은 존이 게임을 하고 있는 것을 지켜봤다.
  → 존이 게임을 하는 것을 한동안 지켜봤다. 전부 보지는 않았다.

지각동사 외에도 다른 사람에게 어떤 행동을 하라고 시킨다는 의미의 사역동사(make, let, have)도 목적어 뒤에 원형부정사를 써서 〈사역동사+목적어+원형부정사〉 형태로 씁니다. help는 목적어 뒤에 to부정사를 쓰기도 하고 원형부정사를 쓸 수도 있습니다.

help+me+carry: 내가 나르는 것을 도와주다
make+me+carry: 내가 나르게 하다
let+me+carry: 내가 ~하게 해주다

- My teacher makes us study every day. 매일 선생님은 우리를 공부시킨다.
- I helped Jane carry the heavy box.
  나는 제인이 무거운 상자를 나르는 걸 도와주었다.

STEP 3 Conversation

Jane: Did something good happen to you? I saw you singing on the street.

Chanho: Yes, I won the lottery. But what happened to you in the restaurant?

Jane: What do you mean?

Chanho: I heard you shouting at the waiter. Then I saw you leave the table.

Jane: There was a big fly in my soup again.

제인: 무슨 좋은 일이라도 있었니? 거리에서 노래 부르고 있는 것을 봤어. / 찬호: 그래, 복권에 당첨됐어. 그런데 너야말로 식당에서 무슨 일 있었니? / 제인: 무슨 말이니? / 찬호: 네가 웨이터에게 소리 지르는 것을 들었어. 그러고 나서 식탁을 떠나는 것을 봤어. / 제인: 또 수프에 큰 파리가 들어 있었어.

STEP 4 Exercises

해답 223쪽

1. 외계인이 우주선을 타고 지구에 왔다는 긴급방송이 있었습니다. 보기에 있는 말을 써서 목격자들의 말을 완성하세요.

   1. I saw them ___fly___ over our house.
   2. I saw them _____ a train in Suwon.
   3. I saw them _____ to McDonald's.
   4. I saw them _____ a hamburger in the park.
   5. I saw them _____ the movie E.T.
   6. I heard them _____ "U.F.O." in a restaurant.
   7. I heard them _____ Korean.

   보기: eat   fly   go   catch   sing   watch   speak

2. Mary는 New York의 Central Park에 있습니다. 그림을 보고 그녀가 본 것과 들은 것을 보기에서 골라 쓰세요.

   1. She saw the boys ___playing___ soccer.
   2. She heard the baby _____ in a baby cart.
   3. She saw the man _____ a dog.
   4. She saw two girls _____ cigarettes.
   5. She heard her mobile phone _____.

   보기: ringing   smoking   walking   playing   crying

32. 지각동사 · 사역동사

3. 보기에서 알맞은 말을 골라 문장을 완성하고, 대답을 a.~e.에서 고르세요.

1. Can you help me clean   the house?   (c)
2. Can you help me _____ my homework? (   )
3. Can you help me _____ the dog?   (   )
4. Can you help me _____ dinner?   (   )
5. Can you help me _____ this box?   (   )

보기: clean   finish   cook   wash   carry

|대답|
- a. Sorry, I can't. I'm doing my own reading.
- b. Sure. I love animals.
- c. Sorry. I'm going to a movie.
- d. Sure. It's not heavy for me.
- e. Yes, certainly. I'm hungry.

4. Tom과 Susan이 자기 어머니에 관해 이야기 하고 있습니다. (   ) 안의 말을 어순에 맞게 고쳐 문장을 완성하세요.

Tom: My mother is strict. She made me clean the house. (She, clean, made, me)

_____ the dishes. (She, wash, made, me)

_____ the laundry. (She, me, made, do)

Later, _____. (She, me, let, go out)

Susan: That's tough. My mother is very nice.

_____ any time. (She, me, lets, watch TV)

_____ any time. (She, lets, go out, me)

_____ my homework every day. (She, me, helps, finish)

LESSON 33

When I grow up, I want to be a teacher.
나는 커서 선생님이 되고 싶어요.

시간을 나타내는 종속접속사 – when, before, after, while

STEP 1 Key Sentences

다음을 영어로 말할 수 있습니까?

1. 우리가 집에 왔을 때 어머니는 요리를 하고 계셨다.
2. 그가 올 때까지 기다리자.
3. 해가 진 후에 우리는 거기에 도착했다.

1. **When we came home, Mother was cooking.**
2. **Let's wait till he comes.**
3. **We arrived there after the sun set.**

STEP 2 Grammar Points

🔵 절과 또 다른 절이 연결될 때 전체 문장에 종속되어 하나의 품사의 역할을 할 수 있게 해주는 접속사를 종속접속사라고 합니다. 종속접속사는 명사절·부사절을 이끄는데 여기서는 시간의 부사절을 이끄는 접속사에 관해 공부합니다.

시간의 부사절을 이끌어 '~할 때'라는 의미를 표현할 때는 종속접속사 when을 씁니다. when은 문장의 처음이나 중간에도 쓸 수 있습니다.

- **When** we came home, Mother was cooking.
  = Mother was cooking **when** we came home.
  우리가 집에 왔을 때 어머니는 요리를 하고 계셨다.

🔵 시간을 나타내는 부사절에서는 미래의 일을 현재시제로 씁니다.
- **When** I **grow up**, I want to be a teacher. 나는 커서 선생님이 되고 싶다.
  When I will grow up, 이라고 하면 안 된다.

33. 시간을 나타내는 종속접속사 – when, before, after, while **157**

🔵 before(~하기 전에), while(~하는 동안에), after(~한 후에), until(till)(~할 때까지)도 시간을 나타내는 종속접속사이므로 같은 용법으로 씁니다.

- Before he took the driver's test, he studied hard.
  운전면허시험을 보기 전에 그는 열심히 공부했다.
- Let's wait till he comes. 그가 올 때까지 기다리자.
- We arrived there after the sun set. 해가 진 후에 우리는 거기에 도착했다.

🔵 before, after는 전치사로도 쓰이므로 뒤에 명사를 쓸 수 있습니다. while은 이 용법은 없지만 같은 의미를 나타내는 during(~동안)은 뒤에 명사를 쓸 수 있습니다.

- Before dinner, the children were very hungry.
  저녁을 먹기 전에 아이들은 매우 배가 고팠다.
- During dinner, they ate a lot. 저녁식사 동안 그들은 많이 먹었다.
- After dinner, they watched TV. 저녁을 먹은 후에 그들은 텔레비전을 봤다.

STEP 3 Conversation

Father: When I was your age, I wanted to be a pilot.

Rosa: Really? When I grow up, I want to be a geography teacher.

Father: O.K. then. Here's a question for you. What's the climate like in Australia?

Rosa: It's very very cold.

Father: No, it's not.

Rosa: Yes, it is! When they send us meat, it always arrives frozen.

> 아버지: 내가 네 나이 적에 난 조종사가 되고 싶었어. / 로사: 그러셨어요? 저는 커서 지리교사가 되고 싶어요. / 아버지: 좋아, 그럼. 질문을 하나 하지. 호주의 기후는 어떨 것 같니? / 로사: 아주 아주 추워요. / 아버지: 아니야, 춥지 않아. / 로사: 춥다니까요! 그러니까 호주에서 고기를 보내오면 항상 언 채로 도착하죠.

Grammar Plus

접속사

단어와 단어, 구와 구, 절과 절을 연결해주는 말을 접속사라고 합니다. 접속사에는 서로 대등한 성격의 말들을 연결해주는 등위접속사와 절과 절을 연결할 때 전체 문장 속에서 하나의 품사 역할을 할 수 있도록 해주는 종속접속사가 있습니다.

- 등위접속사

and(~와, 그리고)	She is young and intelligent.(그녀는 젊고 지적이다.)
but(그러나, 그렇지만)	It is sunny but cold today.(오늘은 맑지만 춥다.)
or(~나 …, 또는)	Would you like tea or coffee?(홍차나 커피 어떠세요?)
so(그래서, 그러므로)	I was tired last night, so I went to bed early.(어제는 피곤해서 일찍 잤다.)

- 명사절을 이끄는 종속접속사

that(~하다는 것)	I think that your answer is right.(네 대답은 맞는 것 같다.)
if(whether)(~인지 아닌지)	I don't know if(whether) he passed the entrance examination.(그가 입학시험에 합격했는지 나는 모른다.)

- 부사절을 이끄는 종속접속사

시간을 나타내는 종속접속사	**when**(~할 때), **while**(~하는 동안에), **before**(~하기 전에), **after**(~한 후에), **untill(till)**(~할 때까지)	I used to go to the park when I was a child.(어렸을 적에 그 공원에 자주 갔었다.)
원인·이유를 나타내는 종속접속사	**because, since, as, now that**(~하기 때문에)	We didn't go fishing because it was raining.(비가 와서 낚시하러 못 갔다.)
조건·양보를 나타내는 종속접속사	**if**(만일~한다면), **thought(althought)**(비록 ~이지만)	If it's sunny tomorrow, we'll go fishing.(내일 날씨가 좋으면 낚시하러 갈 것이다.) Though they were poor, they were happy.(그들은 비록 가난하지만 행복하다.)
목적을 나타내는 종속접속사	**so (that)**(~하기 위하여)	Lock the windows so that no one can break into your house.(아무도 집에 침입하지 못하도록 창문을 잠그세요.)

33. 시간을 나타내는 종속접속사 – when, before, after, while

STEP 4 Exercises

해답 223쪽

① 한 바이올린 연주자의 약력입니다. 그림을 참고해서 두 문장을 연결하고 when을 써서 한 문장으로 만드세요.

| At birth | 3 years old | 11 years old | 14 years old | 20 years old |

1. She was born. — Her family was living in Seoul.
2. She became three years old. — She started to play the violin.
3. She was 11 years old. — She moved to New York.
4. She was 14 years old. — She started a volunteer group for children.
5. She was only 20 years old. — She played "Serenade" with Bernstein.

1. When she was born, her family was living in Seoul.
2. _____
3. _____
4. _____
5. _____

② 가장 어울리는 문장을 연결하세요.

1. I was sleeping — when the thief entered the house.
2. Please closed door — when you go out.
3. You shouldn't go swimming — when you have a cold.
4. I'm going to Spain — when I finish school.
5. I got so excited — when I saw a movie star on the plane.
6. You mustn't cross the street — when the traffic light is red.

③ 그림을 보고 before, while, after 중 하나를 쓰고 일이 일어난 순서대로 기호를 쓰세요.

1.   _b_ → ____ → ____

   a. _____ they were climbing Mt. Everest, they sweated a lot.
   b. __Before__ they climbed Mt. Everest, they were full of energy.
   c. _____ they climbed Mt. Everest, they were very tired.

2.   ____ → ____ → ____

   a. _____ she broke her leg, she went to a hospital.
   b. _____ she went skiing, she bought many ski clothes.
   c. _____ she was skiing, she broke her leg.

④ 우주비행사인 Tina를 인터뷰하고 있습니다. until, while, during, after, before를 넣어 대화를 완성하세요.

interviewer: So what did you do __before__ you became an astronaut?

Tina: Before I became an astronaut, I was a ski racer.
But _____ I was skiing one day, I broke my leg.

interviewer: So what did you do _____ you broke your leg?

Tina: Oh, I went to a hospital, of course, and I stayed in bed _____ my leg became better.

interviewer: But, Tina, I really can't see why you wanted to become an astronaut.

Tina: Oh that's easy. _____ my time in the hospital, I watched Star Wars on video every day!

I have a boyfriend who lives in New York.
나는 뉴욕에 살고 있는 남자친구가 있어요.

LESSON 34

관계대명사(1) – 주격관계대명사 who

STEP 1 Key Sentences

다음을 영어로 말할 수 있습니까?

1. 그녀는 이탈리아에서 음악을 공부한 여자이다.
2. 나는 그림을 잘 그리는 소녀를 알고 있다.
3. 그가 그 장면을 본 목격자이다.

1. **She is the girl who studied music in Italy.**
2. **I know a girl who draws well.**
3. **He's a witness who saw the scene.**

STEP 2 Grammar Points

어떤 사람인지를 설명하는 방법에는 형용사나 구를 쓰는 방법 외에, 설명이 길어질 때는 관계대명사 who를 써서 설명할 수 있습니다. 그림을 보고 ①부터 ⑤까지 다섯 명 중 누가 Sue인지 찾아보세요.

1. 형용사를 쓴다. – the tall girl(키가 큰 여자)
   ①, ② 또는 ③

2. 구를 쓴다. – the girl with long hair(머리가 긴 여자)
   ① 또는 ②

3. who(관계대명사)를 쓴다. –
   the girl who studied music in Italy.
   ①이 Sue가 된다.

🔵 who 이하는 Sue가 어떤 사람인지 설명합니다.

  Sue is the girl. She studied music in Italy.

  → Sue is the girl who studied music in Italy.
  수는 이탈리아에서 음악을 공부한 여자이다.

🔵 선행사가 사람이고 관계대명사절에서 주어 역할을 할 때는 who를 씁니다.

  ~하는 사람 → 〈사람+who+동사〉

  - a woman who loves animals 동물을 좋아하는 여성
  - a person who is always late for appointment 약속시간에 항상 늦는 사람

  Sue is the girl who she studied music in Italy.(×)

🔵 who 대신에 that(관계대명사)을 쓸 수도 있지만 who를 더 많이 씁니다.

  - He is a witness that saw the scene.
  그가 그 장면을 본 목격자이다.

  He is a witness who saw the scene.을 많이 씁니다.

STEP 3　Conversation　　🔊 mp3 34

Sally: I saw Nancy yesterday.

Chanho: Nancy? The girl who lived in France?

Sally: No, that's Lucy. Nancy is the girl who studied music in Italy. She is the one who became a singer.

Chanho: Oh, I see.

> 샐리: 어제 낸시를 만났어. / 찬호: 낸시? 프랑스에 살았던 그 여자애? / 샐리: 아니, 그건 루시고. 낸시는 이탈리아에서 음악을 공부했어. 가수가 된 그 아이 말이야. / 찬호: 아, 알겠어.

34. 관계대명사(1) – 주격관계대명사 who

STEP 4 Exercises

해답 225쪽

① Lisa가 가장 좋아하는 가수를 설명하고 있습니다. 문장을 읽고 누굴 좋아하는지 보기에서 골라 쓰세요.

1. She is an American singer. Cyndi , _____ , _____
2. She is a singer with blond hair. _____ , _____
3. She is the singer who sang "We Are the World." _____

   Lisa likes _____ .

   보기: Cyndi Lauper   Madonna   Whitney Houston   Angelina Jolie

② 파티에서의 Helen과 Anne의 대화를 관계대명사 who를 써서 완성하세요. ( ) 안에 있는 말을 사용하세요.

Helen: I like that boy.

Anne: Who?

Helen: He's the one who has a beautiful smile. (has a beautiful smile)

Anne: There are many boys here.

Helen: _____. (has long dark hair)

Anne: But there are many boys who have long dark hair.

Helen: _____. (has beautiful blue eyes)

Anne: There are two or three boys with blue eyes.

Helen: _____. (is wearing a black jacket)

Anne: Oh, that's the boy! Let's talk to him and take a photo with him.

3. 다음의 사람을 설명하는 문장을 연결하고 who를 써서 문장을 만드세요.

1. a carpenter — he/she builds houses
2. a vegetarian — he/she flies airplanes
3. a pilot — he/she takes photographs
4. a doctor — he/she doesn't eat meat
5. a photographer — he/she helps sick people

1. A carpenter is someone who builds houses.
2. _____
3. _____
4. _____
5. _____

4. Jim과 경찰관의 대화를 읽고 경찰관이 찾는 사람은 A~D 중 누구인지 답하세요.

A. Mary   B. Tom   C. Bill   D. Dick

Police officer: Is this the man who hit you on the head?

Jim: No, he's the man who helped me. The man who hit me was much older. He drove off in his car.

Police officer: O.K. I'm going to find him.

The man who hit Jim was _____.

LESSON 35 He works for Ford that makes cars.

그는 자동차를 만드는 포드에서 일해요.

관계대명사(2) – 주격관계대명사 which, that

STEP 1　Key Sentences

다음을 영어로 말할 수 있습니까?

1. 기아는 자동차를 만드는 회사이다.
2. 왈라비는 호주에 사는 동물이다.
3. 우리는 지난주에 문을 연 이탈리아 식당에 갔다.

1. **Kia is a company that(which) makes cars.**
2. **A wallaby is an animal that(which) lives in Australia.**
3. **We went to the Italian restaurant that opened last week.**

STEP 2　Grammar Points

🔵 사람이 아닌 사물이나 동물을 설명할 때는 형용사나 구를 쓰는 방법 외에 설명이 길어질 때는 관계대명사 which 또는 that을 쓸 수 있습니다. 그림을 보고 수미 오빠가 일하는 KIA가 ①~④ 중 어느 회사인지 맞춰보세요.

1. 형용사를 쓴다. – a big company(대기업)
   ①, ② 또는 ④

2. 구를 쓴다. – a company in Seoul(서울에 있는 회사)
   ① 또는 ②

3. that 또는 which(관계대명사)를 쓴다 –
   a company that makes cars(자동차를 만드는 회사)
   a company which makes cars(자동차를 만드는 회사)
   ①이 KIA가 됩니다.

- Kia is a company which makes cars. 기아는 자동차를 만드는 회사이다.
- A wallaby is an animal that lives in Australia. 왈라비는 호주에 사는 동물이다.

🔵 which로 연결된 말이 Kia가 어떤 회사인지를 설명하고 있습니다.

> Kia is a company. It makes cars.

→ Kia is a company which makes cars.
기아는 자동차를 만드는 회사이다.

🔵 선행사가 동물·사물이고 관계대명사절에서 주어 역할을 할 때는 which 또는 that을 씁니다.

~하는 것(동물) → 사물(동물)+which+동사
~하는 것(동물) → 사물(동물)+that+동사

- a company which makes cameras 카메라를 만드는 회사
- a bird that lives in Korea 한국에 사는 새

🔵 which 또는 that 바로 뒤에는 동사를 씁니다. 관계대명사가 가리키는 말(선행사)이 관계대명사절의 주어 역할을 하기 때문입니다.

- Ford is a company which it makes cars.(×)

🔵 관계대명사 who나 which 대신에 that을 쓸 수 있지만 which는 약간 격식을 차릴 때 쓰는 표현이므로 주로 that을 씁니다.

- Ford is a company that(which) makes cars. 포드는 자동차를 만드는 회사이다.

STEP 3 Conversation 🔊 mp3 35

Sumi: My brother works for Kia.

Peter: What kind of company is Kia?

Sumi: Kia is a company which makes cars.

Peter: Oh, that's a surprise! My brother works for Ford that makes cars, too.

> 수미: 오빠가 기아에서 일하셔. / 피터: 기아는 어떤 회사야? / 수미: 기아는 자동차를 만드는 회사야. / 피터: 그거 놀랄 일이네! 우리 형도 자동차를 만드는 포드에서 일해.

STEP 4　Exercises

해답 225쪽

① 1~5의 그림을 설명하는 문장을 골라 그 기호를 쓰세요.

1. _____ 2. _____ 3. _____ 4. _____ 5. _____

a. a house which has a balcony
b. a house which has a chimney
c. a house which has a swimming pool
d. a house which is in the country
e. a house which has four big windows

② 다음 회사는 무엇을 만드는 회사인지 설명해 보세요. 보기를 참고하세요.

1. Ford _is a company which makes cars._
2. SWATCH _____
3. APPLE _____
4. CANON _____
5. NIKE _____
6. BOEING _____

보기:　cameras　planes　cars　watches　computers　sports shoes

③ 다음 문장을 읽고 무엇을 설명하고 있는지 답하세요.

1. It's a bird that can't fly.　　　　a penguin
2. It's a machine that washes clothes.　a _____
3. It's an animal that eats carrots.　　a _____

4. It's a machine that makes coffee.   a _____
5. It's a clock that wakes you up.   a _____
6. It's a box that plays music.   a _____
7. It's a book that explains words.   a _____

④ 다음의 것을 설명하는 문장을 ( ) 안의 말을 써서 완성하세요.

1. A: What is Seoul?
   B: Seoul is a big city (has, which, a population of 11 million)
   Seoul is a big city which has a population of 11 million.

2. A: What is Toyota?
   B: Toyota is a company (makes, that, cars)
   _____

3. A: What is a dodo?
   B: A dodo is a bird (disappeared, that, from New Zealand)
   _____

4. A: What is the Apatosaurus?
   B : The Apatosaurus was a big dinosaur (was, that, 25 meters long)
   _____

5. A: What is a leap year?
   B: A leap year is the year (which, 366 days, has)
   _____

35. 관계대명사(2) – 주격관계대명사 which, that

LESSON 36

This is a picture which I took last week.
이건 내가 지난 주에 찍은 사진이에요.

관계대명사(3) – 목적격관계대명사 who(whom), which, that

STEP 1 Key Sentences

다음을 영어로 말할 수 있습니까?

1. 그녀는 내가 사랑하는 여자이다.
2. 이것들은 내가 런던에서 산 티셔츠이다.
3. 내가 본 영화는 상을 받았다.

1. **She is the girl who(m) I love.**
2. **These are the T-shirt which(that) I bought in London.**
3. **The film that I saw won an award.**

STEP 2 Grammar Points

관계대명사 who는 주격과 목적격으로 쓸 수 있습니다.

Lesson 34에서 배운 것처럼 관계대명사 who는 주어 역할을 합니다. 즉 who가 뒤에 오는 동사(is wearing)의 주어(She)가 되는 것이죠.

Mary is a girl. She is wearing earrings.

→ Mary is a girl who is wearing earrings.
메리는 귀걸이를 하고 있는 여자다.

여기서 다루는 who(m)는 목적어 역할을 하는 경우입니다. 즉 who(m)가 뒤에 오는 주어 +동사(I love)의 목적어(her)가 되는 겁니다.

Mary is a girl. I love her.

→ Mary is a girl who(m) I love.
메리는 내가 사랑하는 여자이다.

🙂 목적격 관계대명사 who는 whom 또는 that으로 바꿔 쓸 수 있습니다. 목적격 관계대명사 who, whom, that은 생략할 수 있습니다.
- She is the girl (whom) I love.
  She is the girl (that) I love.
  그녀는 내가 사랑하는 여자이다.

🙂 관계대명사 which도 목적격으로 쓸 수 있고 that으로 바꾸어 쓸 수 있으며 생략할 수 있습니다.

These are the T-shirts. I bought them in London.
→ These are the T-shirts which I bought in London.
→ These are the T-shirts that I bought in London.
이것들은 내가 런던에서 산 티셔츠이다.
- The film that I saw won an award. 내가 본 영화는 상을 받았다.

🙂 목적격관계대명사의 문장 패턴
…가 ~하는 사람 → 〈사람+who(whom / that)+주어+동사〉
…가 ~하는 사물(동물) → 〈사람+which(that)+주어+동사〉

- 내가 좋아하는 여자
  the girl who I like
  the girl whom I like
  the girl that I like
  the girl I like

- 그가 서울에서 산 CD
  the CDs which he bought in Seoul
  the CDs that he bought in Seoul
  the CDs he bought in Seoul

STEP 3 Conversation

🔊 mp3 36

Tom: This is the photo in Kyungju. Look at this girl. She is the girl who I like very much.

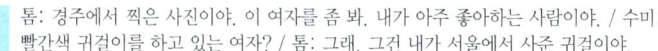

Sumi: The one who is wearing red earrings?

Tom: Yes. Those are the earrings which I bought in Seoul.

> 톰: 경주에서 찍은 사진이야. 이 여자를 좀 봐. 내가 아주 좋아하는 사람이야. / 수미: 빨간색 귀걸이를 하고 있는 여자? / 톰: 그래. 그건 내가 서울에서 사준 귀걸이야.

Grammar Plus

관계대명사의 격

관계대명사를 쓸 때는 앞에 있는 명사(선행사)가 어떤 성격(사람·사물·동물)인지에 따라 그에 맞는 관계대명사를 선택해야 합니다. 또한 그 명사(선행사)를 설명해주는 관계대명사의 역할에 따라 주어 (주격·소유격·목적격)에 따라 구별해서 써야 합니다.

예를 들어

① He is not the man who came here yesterday.
그는 어제 여기 온 그 사람이 아니다.

who는 came의 주어입니다. 이렇게 관계대명사가 이끄는 절에서 주어 역할을 하면 주격이라고 합니다. 관계대명사 바로 뒤에 동사가 오면 주격이라고 보면 됩니다.

② He is not the man who(m) I saw yesterday.
그는 내가 어제 만난 그 사람이 아니다.

관계대명사 who(m)이 이끄는 절에서 who(m)이 목적어 역할을 합니다. 관계대명사절에서 목적어가 없다면 목적격이라고 보면 됩니다.

③ He is not the man whose wife I saw yesterday.
그는 내가 어제 만난 여자의 남편이 아니다.

선행사가 관계대명사 뒤에 오는 명사와 소유관계일 때는 소유격이라고 합니다.

STEP 4 Exercises

해답 226쪽

1. Jane을 설명하는 내용을 읽고 다음의 문장을 완성하세요.

Jane is our friend. She's the nicest woman in the neighborhood. We see her everyday in the yard. We invited her to our house last week. We taught her Korean dance. Sometimes we go to see a movie with her.

1. Jane is our friend _we_ _see_ every day in the yard.
2. Jane is our friend _____ _____ to our house last week.
3. Jane is our friend _____ _____ Korean dance.
4. Jane is our friend _____ _____ to see a movie with.

2. 그림을 보고 who, whom를 써서 문장을 완성하세요.

1. interview   2. hit   3. teach

1. Mr. Kim is the person _who_ _interviewed_ _Mr. Smith_ .
   Mr. Smith is the person _who_ _Mr. Kim_ _interviewed_ .

2. Tom is the boy _____ _____ _____ .
   Jack is the boy _____ _____ _____ .

3. Mary is the person _____ _____ _____ English.
   Misun is the person _____ _____ _____ English.

36. 관계대명사(3) – 목적격관계대명사 who(whom), which, that

3. Mary가 친구에게 선물한 CD가 다시 Mary에게 돌아왔습니다. 어떻게 된 일까요? John과 Mary의 대화를 읽고 CD의 행방을 쓰세요.

John: This is a small present for you, Mary.

Mary: What? But... this is the CD I gave Tom last week.

John: Tom? Who's Tom?

Mary: He's the boy I like very much. But he doesn't like me, but likes Sally. Maybe he gave it to Sally.

John: So Sally is the girl who gave me this CD. But you are the girl I like best. That's why I give it to you as a present!

1. Mary의 CD의 행방

   Mary _____ → _____ → _____ → Mary, again!

2. 각각의 이름을 쓰세요.

   a. the girl who likes John   _Sally_
   b. the girl John likes   _____
   c. the boy who likes Mary   _____
   d. the boy Mary likes   _____

4. 다음 편지를 읽고 who, whom, which, that 중 하나를 써 넣으세요. 생략할 수 있는 것에는 ○표 하세요.

Dear Sue,

Thank you for the letter.

I had a terrible day yesterday and everything went wrong. The watch (which) my father gave me broke. We had the English exam _____ I hated most.

Of course, I failed it. Then, I lost the new contact lenses _____ I bought last week. Finally, I was going to meet my friend _____ wanted to go to a movie. But we arrived too late and couldn't see it. The only good thing _____ happened yesterday was receiving a letter from you. Please write again and cheer me up.

                                    Your friend,

Jane

37

She has a son whose name is John.
그녀에게는 존이라는 이름의 아들이 있어요.

LESSON

관계대명사(4) – 소유격관계대명사 whose

STEP 1 Key Sentences

다음을 영어로 말할 수 있습니까?

1. 고아는 부모를 잃은 아이다.
2. 그녀는 귀가 매우 큰 개를 기르고 있다.
3. 이 교회가 미국에서 가장 오래된 건축물이다.

1. **An orphan is a child whose parents have died.**
2. **She has a dog whose ears are very long.**
3. **This is the chirch whose building is the oldest in America.**

STEP 2 Grammar Points

🔵 선행사가 관계대명사 뒤에 오는 명사와 소유 관계면 whose를 씁니다.

An orphan is a child. His parents have died.

→ An orphan is a child whose parents have died.
고아는 부모를 잃은 아이이다.

Olivia is a singer. Her grandfather was a Nobel Prize winner.

→ Olivia is a singer whose grandfather was a Nobel Prize winner.
올리비아는 할아버지가 노벨상 수상자인 가수이다.

🔵 whose는 사람·사물에 관계없이 쓸 수 있습니다.

She has a dog. Its ears are very long.

→ She has a dog whose ears are very long.
그녀는 귀가 매우 큰 개를 기르고 있다.

사물에 whose를 쓰면 딱딱하게 들리므로 회화에서는 with를 써서 말할 때가 많습니다.

- She has a dog with very long ears.

37. 관계대명사(4) – 소유격관계대명사 whose

🔵 소유격 관계대명사(whose) 문장 패턴

그의(그것의) …가 ~인 사람(사물) → 〈사람(사물)+whose+명사+동사〉

- a boy whose father is a famous singer
  그녀의 아버지가 유명한 가수인 소년

- a computer whose keyboards are black
  그것의 키보드가 검정색인 컴퓨터

STEP 3 Conversation　🔊 mp3 37

Tom: Do you know that John Lennon was an orphan?

Sumi: What's an orphan?

Tom: An orphan is a child whose parents have died. Have you heard the name of Olivia Newton-John?

Sumi: No, I haven't. Who is she?

Tom: She's the singer whose grandfather was a Nobel Prize winner.

Sumi: You seem to know everything.

> 톰: 존 레논이 orphan이었던 것 알아? / 수미: orphan이 뭐지? / 톰: orphan이란 부모님을 잃은 아이지. 올리비아 뉴튼 존이라는 이름을 들어 본 적이 있어? / 수미: 못 들어 봤는데. 누구지? / 톰: 가수야. 할아버지가 노벨상을 수상하셨어. / 수미: 넌 모르는 게 없는 것 같아.

Grammar Plus

관계대명사

관계대명사는 명사(선행사) 뒤에서 그 명사를 설명해주는 문장을 이끄는 접속사 역할도 겸하는 대명사를 말합니다. 즉 〈선행사(명사)+관계대명사 ~〉 형태로 뒤에서 선행사를 수식하는 것을 관계대명사라 하는 것입니다.
선행사의 종류와 격에 따라 쓰이는 관계대명사가 달라집니다.

선행사의 종류	주격	소유격	목적격
사람	who	whose	who(whom)
사물·동물	which	whose	which
사람·사물·동물	that		that

주격관계대명사 선행사+who(which/that)+동사	who	I know a girl who draws well.(나는 그림을 잘 그리는 소녀를 알고 있다.)
	which	We have a project which is about to start. (우리는 곧 시작하려는 계획이 있다.)
	that	I have a dog that runs very fast.(나는 빨리 달리는 개를 기르고 있다.)
소유격관계대명사 ▪선행사+whose+명사+동사 ▪선행사+whose+명사+주어+동사	whose	I know a boy whose father is a famous pianist.(나는 아버지가 유명한 피아니스트인 소년을 알고 있다.) These are the flowers whose name you know very well.(이것들은 네가 잘 아는 꽃이다.)
목적격관계대명사 선행사+who(whom/which/that)+주어+동사	who(m)	He is the writer who(m) I wanted to see.(그는 내가 만나 보고 싶었던 작가이다.)
	which	These are the picture which I took at the athletic meet.(이것들은 내가 운동회에서 찍은 사진이다.)
	that	This is the house that Jack built.(이것은 잭이 지은 건물이다.)

37. 관계대명사(4) – 소유격관계대명사 whose

STEP 4 Exercises

해답 227쪽

① 다음의 말 또는 사람을 설명하는 문장을 완성하세요.

1. An orphan is someone	• whose husband has died.
2. A widow is someone	• whose husband became an American president.
3. A widower is someone	• whose grandfather was a famous writer.
4. Jacqueline was a woman	• whose parents have died.
5. Nobel was a scientist	• whose wife has passed away.
6. Margaux Hemingway was an actress	• whose name is known as the Nobel Prize.

1. An orphan is a someone whose parents have died.
2.
3.
4.
5.
6.

② 다음 두 문장을 whose를 써서 한 문장으로 만드세요.

1. I know a boy.
   His house is near yours.

   _____

2. Here is the artist.
   His painting are beautiful.

   _____

3. Show me that dress.
   Its belt is made of red silk.

   _____

③ who나 whose를 넣어 대화를 완성하세요.

1. **Nick:** Do you know my neighbor, Sally White?
   Jane: No, _who_ is she?
   Nick: She's a scientist _____ husband is also a famous scientist. They won a prize.

2. **Anne:** We saw the king _____ wife is Canadian.
   Kevin: Yes, she is trilingual. She can speak three languages.
   Anne: And they have a son _____ hobby is ice hockey.

3. **Steve:** I like Dizzy _____ music is well known.
   Wendy: Dizzy? _____ is he? Is he the one _____ CDs have sold out?
   Steve: Yes. He had one simple rule in life, "Have fun."

4. **Bill:** I want to learn Chinese.
   Lisa: I have a friend _____ father is from China. Would you like to meet him?
   Bill: Sure.

5. **Sally:** Do you know the famous football star _____ wife is a super model?
   Chris: No, _____ is he?
   Sally: His first name is Joe _____ team won the championship many times.

LESSON 38

If I knew Spanish, I could talk with Jose.
스페인어를 알았다면 호세와 이야기할 수 있을 텐데.

조건문과 가정법 과거

STEP 1 Key Sentences

다음을 영어로 말할 수 있습니까?

1. 내일 비가 오면 우리는 소풍을 취소할 것이다.
2. 내가 톰이었으면 그런 바보 같은 일은 하지 않았을 것이다.
3. 중국어를 할 수 있다면 얼마나 좋을까.

1. **If it rains tomorrow, we will cancel the picnic.**
2. **If I were Tom, I wouldn't do such a stupid thing.**
3. **I wish I could speak Chinese.**

STEP 2 Grammar Points

🔵 어떤 조건이 주어지면 당연히 일어나는 상황을 예상해서 '만일 …하다면 ~할 것이다(하지 않을 것이다)'라고 말할 때는 If+주어+동사(현재형), 주어+will(won't)+원형동사 형식의 조건문을 씁니다. 즉 조건을 나타내는 if절에는 동사의 현재형을 쓰고 그 조건에 따라 일어나는 사실은 동사의 미래형으로 표현하는 것입니다.

- If it is sunny tomorrow, we will go to the beach.
  내일 날씨가 좋으면 우리는 바닷가에 갈 것이다.
- If it rains tomorrow, we will cancel the picnic.
  내일 비가 오면 우리는 소풍을 취소할 것이다.

🔵 조건문에는 if절의 동사는 현재형으로 미래의 의미를 나타냅니다.

- If it rains tomorrow, we will stay at home.
  내일 비가 오면 우리는 집에 있을 것이다.

  If it will rain tomorrow, we will stay at home.(×)

🔵 현재 현실적으로 일어날 수 없는 일을 바라거나 상상해서 '만일 …했으면 ~할 텐데'라고

말할 때는 동사의 과거형을 써서 가정합니다. 즉 if절에 과거형을 쓰고, 주절의 동사도 과거형을 써서 If+주어+동사(과거형), 주어+would+동사원형 형식의 가정법 과거를 씁니다.

- If it were sunny, I would swim in the sea.
  날씨가 좋았으면 바다에서 수영을 할 텐데.

  사실: 날씨가 좋지 않다 → It is not sunny. I will not swim.
  바람: 날씨가 좋았으면 → If it were sunny, I would swim.

- If I saw a ghost, I would run away.
  내가 유령을 봤으면 도망갔을 것이다.

💧 가정법 과거에서 be동사는 was보다는 were를 많이 씁니다.

- If I were Tom, I wouldn't do such a stupid thing.
  If I was Tom, I wouldn't do such a stupid thing.
  내가 톰이었으면 그런 바보 같은 일은 하지 않았을 것이다.

💧 would 대신에 could(할 수 있을 텐데), might(일지 모르는데)를 쓸 수도 있습니다.

- If I knew Spanish, I could talk with Jose.
  스페인어를 알았으면 호세와 이야기 할 수 있을 텐데.

  사실: 스페인어를 모른다.→I don't know Spanish. I couldn't talk with Jose.
  바람: 스페인어를 알았다면 → If I knew Spanish, I could talk with Jose.

💧 wish를 쓰는 가정법 과거
현재 벌어진 상황에 대한 불만으로 그 반대의 상황을 소망해서 '~하면 좋을 텐데'라고 말할 때는 I wish+주어+동사(과거형) 형식으로 표현합니다.

- I wish I could speak Chinese. 중국어를 할 수 있으면 얼마나 좋겠어.
  사실: I can't speak Chinese. 중국어를 못한다.
  소망: I wish I could speak Chinese.

💧 조건문과 가정법 과거 문장 패턴

조건문:

만일 …하다면 ~할 것이다 → if+주어+동사 현재형, 주어+will+동사원형

가정법 과거:

만일 …했다면 ~할 텐데 → if+주어+동사 과거형, 주어+would(could, might)+동사원형

I wish+가정법 과거 문장 패턴

~한다면 참 좋을 텐데

→ I wish+주어+동사 과거형

STEP 3　Conversation

🔊 mp3 38

Evening before at home

Ben: If it is sunny tomorrow, where will we go?
Rea: Let's go to the beach.
Tom: What will we do if it rains?
Rea: Don't worry. I'm sure it will be sunny.

That afternoon at the beach

Ben: If it were sunny, I could swim.
Rea: If it were sunny, I would enjoy water-skiing.
Tom: If we didn't come here, we wouldn't feel cold.

> (전날 밤 집에서) 벤: 내일 날씨가 좋으면 우리 어디 갈까? / 레아: 바닷가에 가자. / 톰: 비가 오면 어쩌지? / 레아: 걱정 마. 틀림없이 날씨가 좋을 거야.　(다음날 오후 해변에서) 벤: 날씨가 좋았으면 수영할 수 있을 텐데. / 레아: 날씨가 좋았으면 수상스키를 탔겠지. / 톰: 여기 안 왔으면 안 추웠겠지.

Grammar Plus

가정법

법이란 말을 하고 있는 사람이 문장의 내용에 넣는 기분에 의해 동사의 형태가 바뀌는 것을 말하는 문법 용어입니다. 영어에는 직설법·명령법·가정법이 있습니다.
이 세 가지를 구별하는 것은 동사의 모양입니다. 구체적인 예를 들어 보겠습니다.

① 직설법은 사실을 그대로 말하는 것으로 현재의 일을 말할 때는 현재형이, 과거의 일을 말할 때는 과거형이 쓰입니다.
It is raining now. 지금 비가 오고 있다. is는 현재형
It was raining then. 그때 비가 오고 있었다. was는 과거형

② 명령법이란 명령문에 쓰는 형태입니다. 문장 앞에 동사의 원형을 써서 명령문을 나타냅니다.
Be quite. 조용히 하세요.
Help yourself. 어서 드세요.

③ 가정법은 현실적으로 일어날 수 없는 일을 바라거나 상상할 때 쓰는 동사의 형태입니다. 나타내고 있는 내용과 동사의 형태가 다른 것이 특징입니다. 어떤 문장이 가정법인지 아닌지는 동사의 형태로 판단합니다.
I wish I had a fax. 팩스가 있으면 얼마나 좋겠어.
이 문장에는 if라는 말은 없지만 '없다'는 현재 사실에 대한 강한 소망으로 '있다면'이라는 소망을 had라는 과거형으로 나타내는 것입니다.

STEP 4 Exercises   해답 228쪽

① 수미 가족은 여름휴가 때 미국에 가고 싶어 합니다. ( ) 안에 있는 말을 써서 문장을 완성하세요.

1. If they _go_ to the U.S.A., they _will visit_ Washington D.C. (go, visit)
2. If they _____ Washington D.C., they _____ many famous buildings. (visit, see)
3. If they _____ many famous buildings, they _____ visiting the White House. (see, enjoy)
4. If they _____ visiting the White House, they _____ many photos. (enjoy, take)
5. If they _____ lucky, they _____ the president. (be, see)

② Tom의 가족은 비용 때문에 여름휴가를 못 갑니다. '돈이 있었으면' 하고 여러 상상하고 있습니다. ( ) 안에 있는 말을 써서 문장을 완성하세요.

1. If we _had_ a lot of money, we _would go_ to South Africa. (have, go)
2. If we _____ to South Africa, we _____ a gold mine. (go, visit)
3. If we _____ a gold mine, we _____ gold-digging. (visit, try)
4. If we _____ gold-digging, we _____ gold. (try, find)
5. If we _____ a lot of gold, we _____ rich. (find, be)

38. 조건문과 가정법 과거

③ 맞는 것에 ○표하세요.

1. If I don't eat breakfast, I (will, would) be hungry.
2. If he (eats, ate) too many sweets, he will get fat.
3. If it is fine tomorrow, we (will, would) go to the beach.
4. My father can't drive. If he could drive, he (won't, wouldn't) take the bus to work.
5. My brother scratched my favorite CD. If he (isn't, weren't) my brother, I would be very angry.
6. I don't have a lot of money. If I (have, had) a lot of money, I would help people in poor countries.
7. My best friend, Sally, is not the prime minister. If she (is, were) the prime minister, she would spend more money for welfare.

④ ( ) 안의 말을 어순에 맞게 나열하여 문장을 완성하세요.

1. (If, buy, rich, I'd, were, I, a sports car)

   _____

2. (If, had, I'd, I, the Internet, use, a computer)

   _____

3. (I, you, I'd, harder, were, If, work)

   _____

4. (lived, If, I'd, in the countryside, I, more relaxed, be)

   _____

LESSON 39

If I had worked harder, I might have passed the test.
조금 더 열심히 공부했으면 나는 시험에 합격했을 지도 몰라요.

가정법 과거완료

STEP 1 Key Sentences

다음을 영어로 말할 수 있습니까?

1. 저축을 했으면 나는 유럽으로 여행을 갈 수 있었을 것이다.
2. 내가 부자였다면 그 차를 살 수 있었을 것이다.
3. 작년에 더 열심히 공부했더라면 얼마나 좋을까.

1. **If I had saved money, I could have traveled to Europe.**
2. **If I had been rich, I could have bought the car.**
3. **I wish I had studied harder last year.**

STEP 2 Grammar Points

- 과거에 이루어질 수 없었던 일을 희망하거나 상상해서 말할 때는 if절의 동사를 과거완료형(had+과거분사)으로 나타냅니다. 이것을 가정법 과거완료라고 하는데 If+주어+had+과거분사, 주어+would+have+과거분사 형식으로 쓰는 것입니다.

  - If I had seen the red light, I would have stopped.
    내가 빨간 신호를 봤으면 섰을 것이다.

    과거의 사실: I didn't see the light. I didn't stop.
    　　　　　나는 신호를 못 봤다. 나는 멈추지 못했다.

    희망:　　　If I had seen the light, I would have stopped.

- would 대신에 could, might도 쓸 수 있습니다.

  - If I had saved money, I could have traveled to Europe.
    저축을 했으면 나는 유럽으로 여행을 갈 수 있었을 것이다.

  - If this ring had not been on sale, I might not have bought it.
    이 반지를 세일하지 않았으면 안 샀을 지도 모른다.

🔵 wish를 쓰는 가정법 과거완료

'~했더라면 좋았을 텐데'라고 과거에 이루지 못했던 소망을 지금 말하며 과거의 사실과는 다른 것을 바랄 때는 I wish+주어+had+과거분사 형태로 표현합니다.

- I wish I had studied harder last year.
  작년에 더 열심히 공부했더라면 얼마나 좋을까.

  과거의 사실: I didn't study harder. 더 열심히 공부하지 않았다.
  바람: I wish I had studied harder.

🔵 가정법 과거완료 문장 패턴

만일 ...했더라면 ~했을 텐데
  → if+주어+had+과거분사, 주어+would have+과거분사

만일 ...했더라면 ~할 수 있었을 텐데
  → if+주어+had+과거분사, 주어+could have+과거분사

만일 ...했더라면 ~했을 지도 모르는데
  → if+주어+had+과거분사, 주어+might have+과거분사

I wish+가정법 과거완료 문장 패턴

~했더라면 참 좋을 텐데
  → I wish+주어+had+과거분사

STEP 3 Conversation 🔊 mp3 39

Chanho: What happened?

Sally: A car knocked me off my bike yesterday.

Chanho: How did it happen?

Sally: I didn't see the red light. If I had seen it, I would have stopped.

Chanho: Oh, no.

Sally: I wish I had been more careful.

> 찬호: 어떻게 된 거야? / 샐리: 어제, 차가 쳐서 자전거에서 떨어졌어. / 찬호: 어떻게 그런 일이 일어났어? / 샐리: 빨간불을 못 봤어. 봤으면 섰을 텐데. / 찬호: 저런. / 샐리: 더 조심했어야 하는 건데.

STEP 4 Exercises

해답 229쪽

① 어제 7월 13일 금요일은 Brad의 생일이었지만 재수가 없는 하루를 보냈습니다. 다음 문장을 읽고 올바른 표현에 O표 하세요.

1. He missed the train. He was late for school. If he (didn't miss / **hadn't missed**) the train, he (wouldn't be / wouldn't have been) late for school.

2. He ate many pieces of cake. He had a stomachache. If he (didn't eat / hadn't eaten) so many pieces, he (wouldn't have / wouldn't have had) a stomachache.

3. He didn't study for his English test. He didn't pass it. If he (studied / had studied) for his English test, he (would pass / would have passed) it.

4. He didn't know Sally's phone number. He couldn't invite her to the birthday party. If he (knew / had known) her phone number, he (could invite / could have invited) her to the birthday party.

5. It wasn't sunny. He couldn't have a barbecue in his garden. If it (were / had been) sunny, he (could have / could have had) a barbecue in his garden.

Brad: If it had not been Friday the 13th, I wouldn't have had such a bad day.

② 뒤에 올 문장을 골라 연결하세요.

1. If he had studied harder,   • • she wouldn't have had a backache.
2. If they hadn't fought,   • • he would have passed the test.
3. If we had skied slowly,   • • I couldn't have bought it.
4. If I had known your birthday,   • • we wouldn't have hit the tree.
5. If she hadn't carried many heavy boxes,   • • they would still have been good friends.
6. If this bag had not been on bargain sale,   • • I would have given you a present.

③ 시험 전에 게임을 하며 논 Tom과 Ben이 서로를 탓하고 있습니다. ( ) 안의 말을 알맞게 바꿔 대화를 완성하세요.

Tom: Why should I have failed the test? It's all your fault. If you hadn't come (not come) to my house, I wouldn't have played (not play) the new computer game. (not play)

Ben: If you _____ (not phone) me, I _____ (not visit) you.

Tom: If you _____ (not answer) the phone, I _____ (not ask) you to come.

Ben: That's terrible. I wish I knew what to say. But it's too late.

④ 찬호는 '~했더라면 좋았을걸'이라고 지난 일을 반성하고 있습니다. ( ) 안의 말을 알맞게 바꿔 문장을 완성하세요.

1. I didn't study hard. I wish I had studied (study) hard.
2. I didn't read many books. I wish I _____ (read) many books.
3. I smoked a lot. I wish I _____ (not smoke) a lot.
4. I didn't save my money. I wish I _____ (save) my money.

⑤ 그림을 참고해서 '~라면 얼마나 좋겠어'라는 영문을 만드세요.

1. I wish I could speak Korean. (could, I, speak Korean)
2. I wish _____ (were, I, a pop star)
3. I wish _____ (had, I, a car)
4. I wish _____ (raining, it, not, were)

LESSON 40

Mary said her mother was sick.
메리는 그녀의 어머니가 아프다고 했어요.

화법

STEP 1 — Key Sentences

다음을 간접화법으로 고쳐 말할 수 있습니까?

1. He said "I like Nancy."
2. He said "I will try."
3. He said "I have lost my camera."

1. **He said (that) he liked Nancy.**
2. **He said (that) he would try.**
3. **He said (that) he had lost his camera.**

STEP 2 — Grammar Points

🔵 남의 말을 전달하는 두 가지 방법이 있습니다.

직접화법은 인용부호(" ")를 써서 말을 그대로 전달합니다.

- He said, "I like Nancy." 그는 "나 낸시를 좋아해."라고 말했다.

간접화법은 say, tell 등의 전달 동사를 쓰고 전달하는 말을 that으로 연결해서 그 내용을 전달합니다. say, tell 뒤의 접속사 that은 생략할 수 있습니다.

- He said he liked Nancy. 그는 낸시를 좋아한다고 말했다.

- He said (that) he liked Jane. 그는 제인을 좋아한다고 말했다.
- She told me (that) Mr. Smith was a spy.
  그녀는 나에게 스미스 씨가 스파이라고 말해 주었다.

🔵 말을 전달할 때는 대명사나 동사의 시제를 바꿔야 합니다.

1. 대명사를 바꾼다

    He says "I like music." 그는 "난 음악을 좋아해."라고 말한다.
    → He says he likes music. 그는 음악을 좋아한다고 말한다.
    She says "I like your watch." 그녀는 "네 시계 마음에 들어."라고 말한다.
    → She says she likes my watch. 그녀는 내 시계가 마음에 든다고 말한다.

2. 동사의 시제를 바꾼다.

    ▶ 현재형→과거형

    He said, "I am hungry." 그는 "나 배고파."라고 말했다.
    → He said he was hungry. 그는 배고프다고 말했다.

    ▶ 현재진행형→과거진행형

    He said, "I am writing a letter." 그는 "난 편지 쓰는 중이야."라고 말했다.
    → He said he was writing a letter. 그는 편지 쓰는 중이라고 말했다.

    ▶ will→would

    He said, "I will try." 그는 "내가 해 볼 게."라고 말했다.
    → He said he would try. 그는 해 보겠다고 말했다.

    ▶ can→could

    He said, "I can drive." 그는 "나 운전할 수 있어."라고 말했다.
    → He said he could drive. 그는 운전할 수 있다고 말했다.

    ▶ 현재완료→과거완료

    He said, "I have lost my camera." 그는 "나 카메라 잃어버렸어."라고 말했다.
    → He said he had lost his camera. 그가 카메라를 잃어버렸다고 말했다.

🔵 직접화법을 간접화법으로 표현할 때는 시간이나 장소를 나타내는 말도 바꿔줘야 합니다.

- this → that
- now → then
- today → that day
- tomorrow → the next day
- these → those
- here → there
- yesterday → the day before
- ago → before

STEP 3 Conversation

Sumi: I must confess. I like Jack.
Tom: Really? Jack likes you, too.
Sumi: What?
Tom: Yes, he said he liked you. He also said he wanted to know your phone number.

> 수미: 고백을 해야겠어. 나 잭이 좋아. / 톰: 그래? 잭도 널 좋아해. / 수미: 그랬어?
> / 톰: 그래, 잭이 널 좋아한다고 했어. 또 네 전화번호를 알고 싶다고도 했어.

Grammar Plus

명령문의 간접화법

명령문은 명령을 할 때도 쓰지만 부탁·충고할 때도 씁니다. 그러므로 명령문은 전달하는 의미에 따라 전달 동사를 ask, tell, order, advise로 바꿀 수 있습니다. 단, 전달하는 내용은 대개 to부정사로 연결합니다.

My mother said to me, "Tidy up your desk."
→My mother told me to tidy up my desk.(어머니는 나에게 책상을 정돈하라고 하셨다.)

She said to me, "Please forgive me."
→She asked me to forgive her.(그녀는 나한테 용서해 달라고 요청했다.)

의문사가 있는 의문문의 간접화법

전달 동사로는 주로 ask를 사용합니다. 이때 어순이 〈의문사+주어+동사〉로 바뀌는 점에 주의해야 합니다.

He said to me, "Where do your parents live?"
→He asked me where my parents lived.(그는 내 부모님이 어디 사시는지 물었다.)

Yes/No 의문문의 간접화법

Yes/No 의문문은 '~인지 아닌지'를 묻는 질문이므로 that대신에 if나 whether를 씁니다. 전달 동사는 ask를 사용합니다.

Tom said to me, "Are you hungry?"
→Tom asked me if(whether) I was hungry.(톰은 나한테 배가 고픈지 물었다.)

STEP 4 Exercises

해답 231쪽

1 친구에 관해 말하고 있는 두 사람의 대화를 완성하세요.

1. A: Bob likes you.
   B: Really?
   A: Yes, he told me he liked you .

2. A: Nancy likes bungee jumping.
   B: Really? I don't believe it.
   A : She told me _____.

3. A: Tom is going to Egypt.
   B: I didn't know that.
   A: Yes, he told me _____.

4. A: Miss White has been to London.
   B: Really?
   A: She told me _____.

5. A: Mr. Kim can't ride a bicycle. Did you know that?
   B: No.
   A: He told me _____.

6. A: And this is a secret. But Sally is engaged.
   B: Are you sure?
   A: Yes, she told me _____.

7. B: By the way, are you a liar? Someone told me you were a liar.
   A: I'm not a liar. I just like to tell lies every April Fool's Day.

② Bill과 Sumi의 대화를 참고해서, Bill이 Susan에게 Sumi의 근황을 전하는 대화를 완성하세요.

> **Bill:** Oh, hello, Sumi. Long time, no see!
>
> **Sumi:** Hello, Bill. I live in America now.(1) I teach science in New York.(2) I like my job.(3) I'm dating an American boy.(4) I'm very busy every day.(5)

Bill: Do you remember Sumi? I happened to meet her yesterday.

Susan: Oh, really? Where does she live now?

Bill: <u>She said she lived in America</u> . (1)

Susan: America? What does she do?

Bill: She said _____ . (2)

Susan: Really? Does she like her job?

Bill: Yes, she said _____ . (3)

Susan: Is she married now?

Bill: No, but she said _____ . (4)

And she also said _____ .(5)

③ 다음의 사람이 말한 것을 쓰세요.

1. Tom said he liked soccer.
   Tom: <u>I</u> <u>like</u> soccer.

2. Jane told me she was going to a movie.
   Jane: _____ _____ _____ to a movie.

3. Jim said he would never be late again.
   Jim: _____ _____ never _____ _____ again.

4. Mary said she had lost her camera.
   Mary: _____ _____ _____ _____ camera.

40. 화법

회화를 위한
영문법
해답편

Lesson 1

1

1. We're
2. I'm
3. It isn't 또는 It's not
4. You aren't 또는 You're not
5. They aren't 또는 They're not

2

1. 우리는 17살이다.(are) 우리는 한국에 있다.(are) 우리는 수업 중이다.(are)
   We <u>are students</u>. (우리는 학생이다.)
2. 나는 날씬하다.(am) 나는 잘생겼다.(am) 나는 키가 크다(am)
   I <u>am a fashion model</u>. (나는 패션모델이다.)
3. 그들은 귀엽다.(are) 그들은 쥐색이다(are) 그들은 호주 태생이다.(are)
   They <u>are koalas</u>. (그들은 코알라다.)

3

1. Is Montreal in Canada? (몬트리올은 캐나다에 있나요?)
   Yes, it is. (네, 그래요.)
2. Is the Pacific Ocean near New York? (태평양은 뉴욕 부근에 있나요?)
   No, it isn't. (아뇨, 그렇지 않아요.)
3. Are Rome and Baghdad new cities? (로마와 바그다드는 신도시인가요?)
   No, they aren't. (아뇨, 아니에요.)
4. Is Seoul the capital of Korea? (서울은 한국의 수도인가요?)
   Yes, it is. (네, 그래요.)
5. Am I smart? (나 똑똑하죠?)
   Yes, you are. (네, 그래요.)

Lesson 2

1

1. 그녀는 영어를 말한다.(speaks)
   그는 영어를 못한다.(doesn't speak)
2. 그들은 아이스크림을 좋아한다.(like)
   그들은 돼지족발을 좋아하지 않는다.(don't like)
3. 나는 차를 갖고 있다.(has)
   그녀는 차를 갖고 있지 않다.(doesn't have)
4. 콜라 마십니까?(Do, drink)
   그녀는 콜라를 마십니까?(Does, drink)

2

1. Korea exports cars. (한국은 자동차를 수출한다.)
2. Pandas live in China. (판다는 중국에 살고 있다.)
3. The banks don't open on Sundays. (일요일에 은행은 열지 않는다.)
4. Monkeys don't study English. (원숭이는 영어를 공부하지 않는다.)
5. The sun doesn't go around the earth. (태양은 지구 주위를 돌지 않는다.)

3

1. 제인은 회사원이다. 그녀는 7시에 일어난다. (gets up)
2. 그녀의 일은 7시 30분에 시작한다. (starts)
3. 그녀의 일은 5시에 끝난다. (finishes)
4. 그녀는 8시에 저녁을 먹는다. (eats)
5. 그녀는 9시에 잠자리에 든다. (goes)

Lesson 3

1

1. 서둘러요. 버스가 와요. (is coming)
2. 와! 눈이 오고 있어. (is snowing)
3. 조용히 해주세요. 나 신문을 읽고 있어요. (am reading)
4. 좀 봐. 그들이 자고 있어요. (are sleeping)
5. A: 앵무새가 한국어를 말하고 있나요? (Is, speaking)
   B: 아뇨, 앵무새는 영어를 하고 있어요? (is speaking)

2

A: 이봐, 그림 1의 이 동물은 뭘까?
B: Is a koala climbing a tree?(코알라 한 마리가 나무를 오르고 있니?)
A: 그래. 코알라가 나무를 오르고 있어. 꽤 똑똑한데. 그림 2의 이것은 어떤가?
B: 그건 쉬워. Is a snake going upstairs? (뱀 한 마리가 2층으로 오르고 있니?)
A: 맞아. 그림 3의 이건 어때?
B: Is a snail moving? 달팽이가 움직이고 있니?
A: 아니야. 그들은 멕시코 사람들이야. Twelve Mexicans are climbing up a mountain. (9명의 멕시코 사람들이 산을 오르고 있어.)

3

8월 15일

제인에게

어떻게 지내? 난 하이드파크에 앉아(am sitting) 편지를 쓰고 있어(am writing). 하이드파크는 정말 커. 두 소년이 축구를 하고 있어(are playing). 한 소녀가 책을 읽고 있어(is reading). 경찰관이 새들에게 모이를 주고 있어(is feeding). 난 런던에서 좋은 시간을 보내는 중이야.

낸시가.

Lesson 4

1

1. a 지금 아기는 와인을 마시고 있다
   b 아기는 항상 우유를 마신다. (drinks)
2. a 그는 항상 밴을 운전한다.
   b 지금 그는 스포츠카를 운전하고 있다. (driving)
3. b 7월에는 비가 많이 내린다. (rains)
   a 지금 비가 심하게 온다.

2

1. 그녀는 과학을 가르치나요?

Yes, she does. She teaches science. (네, 그래요. 그녀는 과학을 가르쳐요.)

지금 그녀는 과학을 가르치는 중인가요?

No, she isn't. She's playing golf now. (아뇨. 지금 그녀는 골프를 치고 있어요.)

2. 그는 축구를 하나요?

Yes, he does. He plays soccer. (네, 그래요. 그는 축구를 해요.)

지금 그는 축구를 하고 있나요?

No, he isn't. He is cleaning the house now. (아뇨. 지금 그는 청소를 하고 있어요.)

3. 그들은 제트기를 조종하나요?

Yes, they do. They fly jets. (네, 그들은 제트기를 조종해요.)

No, they aren't. They are singing now. (아뇨, 지금 그들은 노래를 부르고 있어요.)

3

1. 엘렌과 그녀의 어머니는 로스앤젤레스에 살고 있다.(live) 엘렌의 어머니 로사는 팝 가수이다. 로사는 전 세계에서 노래를 부른다.(sings) 지금 로사는 콘서트 때문에 서울에 머물고 있다.(is staying)

2. 통화중

  엘렌: 안녕하세요, 어머니.

  어머니: 아, 안녕, 엘렌. 어떻게 지내니?

  엘렌: 잘 지내요. 서울은 지금 몇 시죠?

  어머니: 9시야. 지금 뭐하고 있니? (are, doing)

  엘렌: 지금 TV게임을 하고 있어요. (am playing)

  어머니: 그래. 지금 난 새 곡을 쓰는 중이야. (am writing) 한국어 노래지.

  엘렌: 내일 노래 잘 하세요.

4

1. 영어 좋아하세요?

   네. 나는 영어 수업을 잘 이해해요.

2. 그녀는 당신 친구에요?

   Yes, I know her very well. (네, 그녀를 아주 잘 알아요.)

3. 좋아하는 음악이 재즈에요?

   Yes, I like it. (네, 좋아해요.)

Lesson 5

1

1. ① 모차르트와 베토벤은 작곡가였다.

2. ④ Elvis Presley was a singer. (엘비스 프레슬리는 가수였다.)

3. ⑤ Picasso and van Gogh were artists. (피카소와 반 고흐는 화가였다.)

4. ② William Shakespeare was a writer. (윌리엄 셰익스피어는 작가였다.)

5. ③ Albert Einstein and Marie Curie were scientists. (알베르트 아인슈타인과 마리 퀴리는 과학자였다.)

2

일요일

1. 어제는 일요일이었다. (was)

2. 날씨는 맑았다. (was)
3. 엘렌은 디즈니랜드에 있었다. (was)
4. 그녀의 아버지는 집에서 할 일 없이 지내셨다. (was)
5. 고양이들은 휴가 중이었다. (were)

월요일
1. 오늘은 월요일이다. (is)
2. 날씨는 흐리다. (is)
3. 엘렌은 수업중이다. (is)
4. 그녀의 아버지는 회사에서 바쁘시다. (is)
5. 고양이들은 휴가 중이다. (are)

3
1. Was your hotel OK? (호텔은 괜찮았어요?)
   Yes, it was. (No, it wasn't.) (네./아뇨.)
2. Was your room clean? (방은 깨끗했나요?)
   Yes, it was.(No, it wasn't.) (네./아뇨.)
3. Was the weather nice? (날씨는 좋았나요?)
   Yes, it was. (No, it wasn't.) (네./아뇨.)
4. Were the people friendly? (사람들은 친절했나요?)
   Yes, they were.(No, they weren't.) (네./아뇨.)
5. Were the shops good? (상점은 괜찮았나요?)
   Yes, they were.(No, they weren't.) (네./아뇨.)

Lesson 6

1
1. get → got
2. eat → ate
3. make → made
4. give → gave
5. go → went
6. sit → sat
7. buy → bought
8. know → knew
9. stand → stood
10. take → took
11. tell → told
12. think → thought

2
목요일: 운전시험 공부
금요일: 병원에서 할머니 문병
토요일: 이태원에서 톰 만남
일요일: 헬렌과 쇼핑

1. 목요일에 그녀는 운전시험을 공부했다.
2. 금요일에 그녀는 병원에서 할머니를 문병했다. (she visited her grandmother in the hospital.)
3. 토요일에 그녀는 이태원에서 톰을 만났다. (she met Tom in Itaewon.)
4. 일요일에 그녀는 헬렌과 쇼핑하러 갔다. (she went shopping with Helen.)

3
1. 어젯밤에 나는 잘 잤다.

Did you sleep well last night? (어젯밤에 잘 잤어요?)

2. 어제 나는 텔레비전을 봤다.

   Did you watch TV yesterday? (어제 텔레비전 봤어요?)

3. 오늘 아침에 나는 아침을 푸짐하게 먹었다.

   Did you have a big breakfast this morning? (오늘 아침에 아침을 푸짐하게 먹었나요?)

4. 나는 지난주에 영화를 보러 갔었다.

   Did you go to the movies last week? (지난주에 영화를 보러 갔었나요?)

5. 지난 일요일 나는 집안일을 했다.

   Did you do housework last Sunday? (지난 일요일에 집안일을 했나요?)

6. 나는 주말을 잘 보냈다.

   Did you have a good weekend? (주말 잘 보냈어요?)

④

1. 소녀들은 짧은 치마를 입지 않았다.(didn't wear) 그들은 한복을 입었다.(wore)

2. 사람들은 빵을 먹지 않았다.(didn't eat) 그들은 밥을 먹었다.(ate)

3. 그들은 침대에서 자지 않았다.(didn't sleep) 그들은 바닥에서 잤다.(slept)

4. 사람들은 자전거를 타지 않았다.(didn't ride) 그들은 말을 탔다.(rode)

5. 여성들은 머리가 짧지 않았다.(didn't have) 그들은 머리가 길었다.(had)

6. 사람들은 에어컨을 쓰지 않았다.(didn't use) 그들은 여름에 부채를 사용했다.(used)

Lesson 7

①

1. 어제 오후 3시 30분에 로사는 그녀의 방에 있었다.(was in her room) 그녀는 편지를 쓰고 있었다.(was writing a letter)

2. 빌의 어머니는 백화점에 있었다. (was in a department store) 그녀는 쇼핑을 하고 있었다.(was shopping)

3. 패트리샤는 회사에 있었다.(was in the office) 그녀는 통화중이었다.(was talking on the phone)

4. 빌의 조부모는 거실에 계셨다.(were in the living room) 그들은 텔레비전을 보고 계셨다.(were watching TV)

5. 빌은 체육관에 있었다.(was in the gym) 그는 트램펄린에서 뛰고 있었다.(was jumping on the trampoline)

②

1. 캐시와 돌리는 카드놀이를 하고 있었다.(were playing)

2. 밥은 자고 있었다.(was sleeping)

3. 딕과 메그는 바닥에 앉아 있었다.(were sitting)

4. 수와 낸시는 샌드위치를 먹고 있었다.(were eating)

5. 샐리만이 착한 학생이었다. 그녀는 역사책을 읽고 있었다.(was reading)

③

예 어제 자정 12시에 조깅을 하고 있었나요?

No, I wasn't. I wasn't jogging at

twelve midnight yesterday. (아뇨. 자정 12시에 조깅을 하고 있지 않았어요.)

1. 어제 자정에 자고 있었나요?

   No, I wasn't. I wasn't sleeping at midnight yesterday. (아뇨. 어제 자정에 자고 있지 않았어요.)

2. 어젯밤 9시 30분에 텔레비전을 보고 있었나요?

   No, I wasn't. I wasn't watching TV at 9:30 p.m. last night. (아뇨. 어젯밤 9시 30분에 텔레비전을 보고 있지 않았어요.)

3. 오늘 아침 7시에 아침을 먹고 있었나요?

   No, I wasn't. I wasn't eating breakfast at seven o'clock this morning. (아뇨. 오늘 아침 7시에 아침을 먹고 있지 않았어요.)

Lesson 8

1

1. I have just brushed my teeth. (방금 나는 양치질을 했다.)
   지금 내 이는 깨끗하다.

2. They have just cleaned their room. (방금 그들은 방을 청소했다.)
   지금 방은 깨끗하다.

3. He has just lost his glasses. (방금 그는 안경을 잃어버렸다.)
   지금 그는 잘 볼 수 없다.

4. She has just cut her finger. (방금 그녀는 손가락을 베었다.)
   지금 그녀의 손가락은 피가 난다.

5. They have just finished dinner. (방금 그들은 저녁을 다 먹었다.)
   지금 그들은 배가 부르다.

2

1. 백설 공주에게 일어난 일은 뭐죠?

   She has just eaten the poison apple. (방금 그녀는 독이 든 사과를 먹었어요.)

2. 알라딘에게 일어난 일은 뭐죠?

   He has just rubbed the magic lamp. (방금 그는 마술램프를 문질렀어요.)

3. 잠자는 숲 속의 공주에게 일어난 일은 뭐죠?

   The prince has just kissed her. (방금 왕자님이 그녀에게 키스했어요.)

3

1. 오늘 밤에 초콜릿은 더 안 먹을 거야.
   벌써 세 상자를 먹었어.

2. 그녀는 아직 일하나요?
   아뇨, 이제 막 끝났어요. (has, finished)

3. 당신 아이들은 어디 있어요?
   그들은 피곤해요. 그들은 이미 잠자리에 들었어요. (have, gone)

4. 당신 친구들은 슬퍼 보이네요. 왜죠?
   방금 그들은 야구경기에서 졌어요. (have, lost)

5. 겁에 질린 것 같군요. 왜죠?
   방금 흡혈귀 같은 사람을 봤어요. (have, seen)

Lesson 9

1

1. wrote, written
2. won, won
3. been
4. eaten
5. sang, sung
6. broke, broken

2

1. 그는 많은 나라를 여행한 적이 있다.
2. He has written many books.(그는 많은 책을 쓴 적이 있다.)
3. He has seen many films.(그는 많은 영화를 본 적이 있다.)
4. He has talked to Charlie Chaplin.(그는 찰리 채플린과 말한 적이 있다.)

3

1. 당신: 젓가락을 써본 적 있어요?
   샐리: I have used chopsticks once.(젓가락을 한 번 써본 적 있어요.)
2. 당신: Have you ever seen Ssireum on TV? (텔레비전으로 씨름을 본 적이 있어요?)
   샐리: I have never seen Ssireum on TV.(텔레비전으로 씨름을 본 적이 한 번도 없어요.)
3. 당신: Have you ever eaten kimchi?(김치 먹어본 적 있어요?)
   샐리: I have eaten kimchi several times.(두세 번 먹어본 적 있어요.)
4. 당신: Have you ever been to Spain?(스페인에 가본 적 있어요?)
   샐리: I have been to Spain many times.(여러 번 가봤어요.)
5. 당신: Have you ever sung Korean folk songs?(한국 민요를 불러 본 적 있어요?)
   샐리: I have sung Korean folk songs a few times.(두세 번 불러봤어요.)
6. 당신: Have you ever climbed Mt. Halla?(한라산을 등반해본 적 있어요?)
   샐리: I have never climbed Mt. Halla.(한라산은 등반해 본 적이 한 번도 없어요.)

Lesson 10

1

1. A: 유럽에 가본 적 있어요?
   B: 네, 있어요.(have) 몇 번 가본 적 있어요.(have been)
   사실 작년에 유럽에 있었어요.(was)
2. A: 알의 스테이크 식당에서 먹어본 적 있어요?
   B: 네, 있어요.(have) 여러 번 거기서 먹어 봤어요.(have eaten)
   사실 어젯밤에 아내와 나는 거기서 먹었어요.(ate)
3. A: 밥은 직장을 가져본 적 있어요?(Has Bob ever had)

네 있어요.(has) 그는 많은 아르바이트를 해봤어요.(has had)

작년 여름에 밥은 그의 삼촌의 물침대가게에서 일을 했어요.(had)

2

1. 그는 (① 작년 여름 ② 토요일 ④ 어렸을 적 ⑤ 2011년)부터 한국에 있다.
2. 그녀는 (③ 2년 ⑥ 6개월 ⑦ 4주 ⑧ 3일) 동안 한국에 있다.

3

1. A: 한국에 온지 얼마나 됐어요? (①)
   B: 2011년부터 한국에 있어요.(①)
2. A: 제임스 알아요?
   B: 네, 그는 좋은 친구에요.
   A: 그와 알고 지낸지 얼마나 됐어요?(①)
   B: 5년 동안 알고 지내고 있어요.(①)
3. A: 이가 아픈지 얼마나 됐어요?(①)
   B: 한 달 동안 이가 아팠어요.(①)
   A: 왜 좀 일찍 오지 않았어요? 지금 이를 전부 빼야겠어요.
4. A: 기혼이세요?
   B: 네.
   A: 결혼한 지 얼마나 됐어요?(①)
   B: 5년 됐어요.(①)
   A: 남편을 언제 만났어요?(②)
   B: 7년 전에요.

4

1. How long have you been here? (여기 온지 얼마나 됐어요?)
2. How long have you known your best friend? (가장 친한 친구와 알고 지낸지 얼마나 됐어요?)
3. How long have you lived in Korea? (한국에 산지 얼마나 됐어요?)
4. How long have you had your pet? (애완동물을 기른 지 얼마나 됐어요?)

Lesson 11

1

1. They have been dancing since 6:00. (그들은 6시부터 춤을 추는 중이다.)
2. She has been singing for two hours. (그녀는 2시간 동안 노래하는 중이다.)
3. He has been meditating for ten hours. (그는 10시간 동안 명상을 하는 중이다.)
4. They have been playing a computer game since 10:00. (그들은 10시부터 컴퓨터 게임을 하는 중이다.)
5. He has been standing on one foot for one hour. (그는 한 시간 동안 한쪽 다리로 서 있는 중이다.)

2

1. Excuse me, how long have you been waiting here? (①) (실례지만, 여기서 얼마 동안이나 기다리고 있는 거죠?)
2. Excuse me, how long has he been talking on the phone? (②) (실례지만, 그는 얼마 동안이나 통화를 하고 있는 거죠?)

3. Excuse me, how long have you been jogging? (③) (실례지만, 얼마 동안이나 달리고 있는 거죠?)

4. Excuse me, how long has your baby been crying? (④) (실례지만, 아기가 얼마 동안이나 울고 있는 거죠?)

5. Excuse me, how long have you known your girlfriend? (⑤) (실례지만, 여자 친구를 사귄지 얼마나 됐어요?)

3

1. A: 영어를 참 잘 하네요. 여러 해 동안 영어를 배우는 중이세요?(OK)
   B: 아니에요.
   A: 언제 시작했어요?
   B: 6개월 전에 시작했어요.(have started → started)

2. A: 콘서트가 아직도 시작하지 않았어. 10시부터 기다리는 중이야.(are waiting → have been waiting)
   B: 10시부터라고! 어쩐지 피곤해 보이더라.

3. A: 지금 아직도 비가 오고 있어.
   B: 비가 온지 오래 됐어?
   A: 월요일부터 오고 있어.(is raining → has been raining)

4. A: 나 새 친구가 생겼어.
   B: 잘 됐네. 사귄지 오래 됐어?(OK)
   A: 두 달 동안 사귀는 중이야.(since → for)

5. A: 그를 알고 지낸지 오래 됐어? (Have you knowing → Have you known)
   B: 아니. 그를 만난 지 딱 한 달 됐어.

Lesson 12

1

1. she'll be
2. I'll come
3. we'll win
4. they won't answer
5. he won't eat
6. you'll cry
7. it'll come

2

1. A: 몇 살이세요?
   B: 16살이지만, 다음 주면 17살이 돼요. (will be)

2. A: 전화벨이 울리고 있어요.
   B: 제가 받을게요.(will answer)

3. A: 방이 정말 더워.
   B: 알겠어. 내가 창문을 열게.(will open)

4. A: 서둘러! 생일파티에 늦겠어.
   B: 걱정 말아. 시간은 많아. 안 늦을 거야.(won't be)

5. A: 이 책들은 너무 무거워.
   B: 내가 대신 들어 줄게.(will carry)

6. A: 저 선수들은 참 잘 해요.
   B: 그래요. 월드컵에서 우승할 것 같

은데요.(will win)

7. A: 뭐 드시겠어요?
   B: 비빔밥 주세요.(will have)

8. A: 눈이 어떻게 된 거니?
   B: 어제 끔찍한 교통사고가 있었어. 다신 운전 안할 거야.(will, drive)

3

샘: 어머니, 저 새 학교에서 잘하지 못할 것 같아요.(won't)

어머니: 걱정 마, 샘. 틀림없이 새 학교에서 정말 잘할 거야.(will)

샘: 선생님들이 절 안 좋아할 것 같아요.(will)

어머니: 걱정 마. 선생님들은 널 좋아할 거야.(will)

샘: 학생들이 절 잘 대해주지 않을 것 같아요.(will)

어머니: 걱정 마. 그들은 잘 해줄 테니까. 어쨌든 샘. 넌 괜찮을 거야. 왜냐하면 넌 내일이면 50살이 되고 새 학교의 교장이잖니.(will)

4

1. I'll probably be married. (나는 아마 결혼할 것이다.)
2. I'll probably be rich. (나는 아마 부자가 될 것이다.)
3. I'll probably have a driver's license. (나는 아마 운전면허를 딸 것이다.)
4. I'll probably go to Europe. (나는 아마 유럽에 갈 것이다.)
5. I'll probably live in a big city. (나는 아마 대도시에 살 것이다.)

6. I'll probably speak Chinese well. (나는 아마 중국어를 잘 할 것이다.)

Lesson 13

1

1. 그는 미국에서 태권도를 가르칠 작정이다.
2. She is going to become a vet. (그녀는 수의사가 될 작정이다.)
3. He is going to travel around the world. (그는 전 세계를 여행할 작정이다.)
4. He is going to become a computer programmer. (그는 컴퓨터 프로그래머가 될 작정이다.)
5. He is going to study art in Italy. (그는 이탈리아에서 미술을 공부할 작정이다.)
6. She is going to become a kindergarten teacher. (그녀는 유치원 교사가 될 작정이다.)

2

1. 나는 컴퓨터 게임을 할 작정이다.
2. I'm going to wash my hair. (나는 머리를 감을 작정이다.)
3. I'm going to write a letter. (나는 편지를 쓸 작정이다.)
4. I'm going to go to a bookshop.(I'm going to a bookshop.) (나는 서점에 갈 작정이다.)
5. I'm going to watch a baseball game on TV. (나는 TV로 야구경기를 볼 작

정이다.)

Lesson 14

3

1. 내일 컴퓨터 게임을 할 작정이세요?
2. Are you going to wash your hair tomorrow? (내일 머리를 감을 작정이세요?)
3. Are you going to write a letter tomorrow? (내일 편지를 쓸 작정이세요?)
4. Are you going to go to a bookshop tomorrow?(Are you going to a bookshop tomorrow? (내일 서점에 갈 작정이세요?)
5. Are you going to watch a baseball game on TV tomorrow? (내일 TV로 야구경기를 볼 작정이세요?)

4

1. 우주비행사들은 우주선 안으로 들어갈 건가요?

   (네. 그들은 우주선 안으로 들어갈 겁니다.)

2. 비가 올 건가요?

   Yes, it is. It is going to rain. (네. 비가 올 겁니다.)

3. 그들은 축구를 할 건가요?

   No, they aren't. They aren't going to play soccer. (아뇨. 그들은 축구를 하지 않을 겁니다.)

4. 그는 다리에서 뛰어 내릴 건가요?

   Yes, he is. He is going to jump off the bridge. (네. 그는 다리에서 뛰어 내릴 겁니다.)

1

2. arriving
3. visiting
4. listening
5. watching
6. having

2

월요일: 오전 8시 JFK 공항 출발
오후 7시 인천국제공항에 도착
화요일: 오전 10시 덕수궁 방문
수요일: 오전 11시 한국무용 관람(박물관)
오후 7시 저녁식사(호텔)
목요일: 오전 9시 서울 출발(KE 901편)

1. 다음 주 그들은 서울로 여행을 간다.
2. They are leaving JFK Airport at 8 a.m. on Monday. (월요일에 오전 8시에 그들은 JFK를 출발할 예정이다.)
3. They are arriving at Incheon International Airport at 7 p.m. (오후 7시에 그들은 인천국제공항에 도착할 예정이다.)
4. They are visiting Deoksugung Palace at 10:00 a.m. on Tuesday. (화요일 오전 10시에 그들은 덕수궁을 방문할 예정이다.)
5. They are watching a Korean dance at 11:00 a.m. in the museum. (오전 11시에 박물관에서 그들은 한국무용을 관람할 예정이다.)
6. They are having a special Korean

dinner at the hotel on Wednesday. (수요일에 그들은 호텔에서 특별한 한국식 저녁을 먹을 예정이다.)

목요일 오전 9시에 그들은 서울을 떠날 예정이다.

3

1. 이번 주에 친척 분들이 당신 집에 오시나요?
2. Are you meeting your teacher this afternoon? (오늘 오후에 선생님을 만날 예정이세요?)
3. Are you going to the dentist next week? (다음 주에 치과에 갈 예정이세요?)
4. Are you staying at home tonight? (오늘밤 집에 있을 예정이세요?)

3

수미: 여보세요.
크리스: 안녕, 수미. 나야, 크리스. 어떻게 지냈어?
수미: 잘 지냈어. 넌?
크리스: 괜찮아. 저, 토요일에 시간 좀 있니?
수미: 없을 것 같아. 토요일에 가족들과 부산에 갈 예정이야.(② I'm going)
크리스: 이런. 어쩔 수 없지 뭐. 토요일 저녁에 베를린 심포니 오케스트라 연주를 들으러 갈 건데. 7시에 KBS 뮤직홀에서 연주를 해.(② They are playing) 그리고 표가 한 장 남고.
수미: 그래! 좀 기다려봐. 아버지한테 말해야겠는걸.(I'll tell) 부산에 안 가겠다고!

Lesson 15

1

1. 이 방에는 의자가 세 개 있다.
2. 책상 위에 책이 몇 권 있다.
3. 벽에 시계가 있었다.
4. 당신 도시에는 호텔이 있나요?
5. 어제 학교에는 학생들이 없었다.

2

1. 상자 안에 공이 많이 들어 있다. (are)
2. 당신 도시에는 큰 공원이 있나요? (Is)
3. 작년에는 집이 몇 채 있었다. (were)

3

1. There, was, there
2. There, any, on
3. is, in

4

1. There is a river near my house.
2. There are two cats under the bed.
3. There was a big farm near our town.
4. There weren't many animals in the zoo.
5. Is there a computer room in your school?

Lesson 16

1

1. 왜 학부모 회의에 늦으셨나요?
   늦잠을 잤기 때문이에요.

2. 오늘은 기분이 어떠세요?(How)
   괜찮아요.

3. 어떻게 귀가하셨어요?(How)
   택시로요.

4. 몇 시에 아침을 드셨어요?(When)
   10시에요.

5. 어디에 사세요?(Where)
   역 근처에 살아요.

6. 왜 당신 아들이 저렇게 크게 울고 있어요?(Why)
   내가 그의 아이스크림을 먹어서요.

2

1. 당신 남자친구는 잘 생겼나요?
2. Do you like this town? (이 도시가 마음에 드세요?)
3. Have you ever eaten kimchi? (김치 먹어본 적 있어요?)
4. When did you come to Korea? (언제 한국에 오셨어요?)
5. Why do you like baseball? (왜 야구를 좋아하세요?)
6. Where are you from? (고향이 어디에요?)

3

1. 남자: 잘 지내세요?
   찬호: 잘 지냅니다. 그런데 아직도 시차피로가 있어요.

2. 남자: Have you (ever been to Hawaii)? (하와이에 와본 적 있어요?)
   찬호: 없어요. 한 번도 없어요. 이번이 처음이에요.

3. 남자: Where are you from? (고향이 어디에요?)
   찬호: 한국 서울에서 왔어요.

4. 남자: When did you arrive in Hawaii? (언제 하와이에 도착했어요?)
   찬호: 지난 월요일에 도착했어요.

5. 남자: (Where are you staying) now? (지금 어디에 묵고 있어요?)
   찬호: 친구 집에 묵고 있어요.

6. 남자: Why did you come to Hawaii? (왜 하와이에 오셨어요?)
   찬호: 사람들하고 기후가 좋아서 하와이에 왔어요.

Lesson 17

1

1. 이거 누구의 재킷이죠?
   - 폴의 재킷이에요.

2. 그것들은 누구의 사전이죠? (Whose)
   - 그녀의 것이에요.

3. 어느 스웨터가 더 좋으세요, 빨간색이에요 아니면 검정색이에요?(Which)
   -빨간색이 더 좋아요.

4. 어느 버스를 타세요, 157번이에요, 아니면 59번이에요?(Which)
   -59번 버스를 탑니다.

5. 당신 자전거를 어떤 색깔이죠?(What)
   -은색입니다.

6. 어떤 음악을 좋아하세요?(What)
   -재즈를 좋아합니다.

7. 그 회사의 이름은 뭐지요?(What)
   -IBM입니다.

8. 좋아하는 남자배우는 누구예요? (Who)
   -톰 크루즈를 좋아합니다.

2

1. A: 좋아하는 가수는 누구예요?
   B: 브리트니 스피어스를 좋아해요.

2. A: Which food do you prefer, Korean food or French food? (어느 음식을 좋아하세요, 한국음식이에요, 프랑스 음식이에요?)
   B: 프랑스 음식을 좋아해요.

3. A: What is your favorite drink? (어떤 음료를 좋아하세요?)
   B: 좋아하는 음료는 커피입니다.

4. A: What did you do last night? (어젯밤에 뭐 하셨어요?)
   B: 텔레비전을 봤어요.

3

1. A: 기타는 누구의 것이죠?
   B: 화이트 씨의 것입니다.

2. A: Whose mp3 player is it? (mp3 플레이어는 누구의 것이죠?)
   B: It's (Mr. White's). (화이트 씨의 것입니다.)

3. A: Whose tennis racket is it? (라켓은 누구의 것이죠?)
   B: It's (Mrs. White's). (화이트 부인의 것입니다.)

4. A: Whose toys are they? (장난감들은 누구의 것이죠?)
   B: They are (Michael's). (마이클의 것입니다.)

4. A: Whose sunglasses are they? (선글라스는 누구의 것이죠?)
   B: They are (Mrs. White's). (화이트 부인의 것입니다.)

5. A: 마이클은 누구의 아이죠?
   B: He is (Mr. and Mrs. White's). (그는 화이트 부부의 아이입니다.)

Lesson 18

1

제니퍼: 축하합니다! 이 비행기로 최초의 대서양 횡단 논스톱 비행 세계기록을 세우셨어요. 시간이 얼마나 걸렸어요?(long)

비행사: 16시간 28분입니다.

제니퍼: 캐나다에서 아일랜드까지 거리가 얼마나 됩니까?(far)

비행사: 1890마일입니다.

제니퍼: 편지를 몇 통이나 운반하셨어요?(many)

비행사: 196통입니다.

제니퍼: 와! 여동생 엘시에게 보내는 당신 편지도 운반하셨어요?

비행사: 네.

제니퍼: 엘시를 자주 만나세요?(often)

비행사: 거의 만나지 못해요. 제가 무척 바빠서요.

제니퍼: 상금으로 얼마를 받으셨죠? (much)

비행사: 1만 파운드입니다.

제니퍼: 와! 운이 좋으시네요. 그런데 몇 살이세요?(old)

비행사: 27살입니다.

제니퍼: 죄송합니다. 당신 이름을 깜빡했네요.

비행사: 뭐라고요? 존 앨콕 기장입니다.

②

1. 컴퓨터 상점에 자주 가시나요?
   − 자주 가지요.

2. How many digital cameras do you have? (디지털 카메라는 몇 개나 갖고 계세요?)
   − 딱 하나 있어요.

3. How much is the airfare to Chicago? (시카고까지 항공 요금이 얼마죠?)
   − 1,320달러에요.

4. How much money do you have now? (지금 돈을 얼마나 갖고 계세요?)
   − 돈은 거의 없어요. 무례한 질문이네요.

5. How far is it from your house to the nearest station? (집에서 가장 가까운 역까지 거리가 얼마나 돼요?)
   −4킬로미터 정도요.

6. How many stars are there on the U.S. flag? (미국 국기의 별은 몇 개죠?)
   −50개에요.

③

1. 당신 형은 몇 살이세요?
   − 25살입니다.

2. 비디오를 자주 보시나요?
   − Once a month. (한 달에 한 번입니다.)

3. 열차를 얼마 동안 기다리고 계신 거죠?
   − For 30 minutes. (30분 동안입니다.)

4. 여기서 당신 집까지 거리가 어떻게 되죠?
   − About 2 kilometers. (약 2킬로미터입니다.)

5. 페기의 콘서트 표는 얼마죠?
   − Ten dollars. (10달러입니다.)

6. 몇 개의 언어를 말하시나요?
   − Three. (3개국어입니다.)

7. 이 건물은 지은 지 얼마나 됐어요?
   − 200 years old. (2백년입니다.)

Lesson 19

1

1. 여성: 내 수프에 바퀴벌레가 들어 있어요!

   웨이터: (그거 이상하네요.) 항상 파리였었는데요.

2. 소년: 선생님, 피아노를 쳐도 돼요?

   선생: 안 된다. Your hands are dirty. (네 손이 더럽구나.)

   소년: 걱정 마세요. I'll play only the black keys. (검정 건반만 칠게요.)

3. 아들: 어머니, 아르헨티나에 가고 싶어요.

   어머니: 계속 파거라. The hole will reach Argentina in a few years. (몇 년 뒤에는 아르헨티나에 도착할 거야.)

4. 벨: 제 성은 벨입니다. Korean people call me Jong. (한국 사람들은 저를 종이라고 부르네요.)

   찬호: 그래요? 재미있네요. 종은 한국말로 벨이라는 뜻이에요.

5. 교회에서

   피터: 하느님. 시드니를 호주의 수도로 만들어 주세요.

   톰: 하느님, 뉴욕을 미국의 수도로 만들어 주세요.(make New York the capital of the U.S.A.)

   스티브: 하느님, 인천을 한국의 수도로 만들어 주세요.(make Incheon the capital of Korea)

   사제: 왜 그런 기도를 하는 거니?

   톰: 학교시험 답을 그렇게 썼거든요!

2

1. 토니는 메리에게 줄 선물을 샀다.

2. He sent the present to Mary. (토니는 그 선물을 메리에게 부쳤다.)

3. But she gave it to Nancy. (그런데 메리는 그것을 낸시에게 주었다.)

4. Nancy wore it on a ski trip. (낸시는 스키여행 가서 그것을 입었다.)

5. Jim took Nancy's photo. (짐은 낸시의 사진을 찍었다.)

6. Jim showed it to Tony. (짐은 그 사진을 토니에게 보여주었다.)

토니는 그 사진을 보고 화가 났다.

Lesson 20

1

예 비행기 승무원들은 영어를 말할 수 있다.

(네. 그들은 영어를 말할 수 있습니다.)

1. 펭귄은 날 수 있다.

   No. They can't fly. (아닙니다. 펭귄은 날 수 없습니다.)

2. 육상 선수들은 매우 빨리 뛸 수 있다.

   Yes. They can run very fast. (네. 그들은 매우 빨리 뛸 수 있습니다.)

3. 고릴라는 불을 피울 수 있다.

   No. They can't make a fire. (아닙니다. 고릴라는 불을 피울 수 없습니다.)

4. 누구든지 에베레스트 산을 등반할 수 있다.

   No. Anyone can't climb Mt. Everest. (아닙니다. 아무나 에베레스트 산을 등반할 수는 없습니다.)

2

1. 영어로 이름을 쓸 수 있었나요?

   (네, 이름을 쓸 수 있었어요.) 또는 (아뇨, 쓸 수 없었어요.)

2. 수영을 할 수 있었나요?

   No, I couldn't swim. (아뇨, 수영할 수 없었어요.)

3. 전화를 쓸 수 있었나요?

   No, I couldn't use the telephone. (아뇨, 전화를 쓸 수 없었어요.)

4. 사진을 찍을 수 있었나요?

   No, I couldn't take a photo. (아뇨, 찍을 수 없었어요.)

5. 혼자 여행을 할 수 있었나요?

   No, I couldn't travel by myself. (아뇨, 혼자 여행을 할 수 없었어요.)

3

1. A: 아버지께 드릴 선물 찾았니?

   B: 그래. 1시간이나 걸렸지만 아주 멋진 선물을 찾을 수 있었어. (was able to)

2. A: 축구 경기에서 우승했니?

   B: 그래. 아주 어려웠지만 우리가 이길 수 있었어. (were able to)

3. A: 형은 운전면허 시험에 합격했니?

   B: 그래. 어려웠지만 합격할 수 있었어. (was able to)

4

아니타는 스키를 아주 잘 탈 수 있다.(can) 그녀는 이제 막 스위스에서 스키 강사가 되었다. 지금 그녀는 유럽 다른 나라도 여행할 수 있다.(can) 이전에 그녀는 행복하지 않았다. 그녀는 어떤 외국도 여행할 수 없었다.(couldn't) 지금 그녀는 스노보드도 배우고 있다. 그녀는 머지않아 두 가지 겨울 스포츠를 즐길 수 있게 될 것이다.(will be able to)

Lesson 21

1

1. 그녀는 아이스크림을 먹어선 안 된다.
2. 그녀는 식사 전에 약을 먹어야 한다. (She must)
3. 그녀는 친구를 찾아가선 안 된다. (She mustn't)
4. 그녀는 샤워를 해선 안 된다. (She mustn't)
5. 그녀는 침대에 누워 있어야 한다. (She must)
6. 그녀는 콜라를 마시면 안 된다. (She mustn't)

2

1. 여기서 담배를 피우면 안 됩니다. 금

연구역이에요.

2. 수업이 시작됐어요. 선생님 말씀을 잘 들어야 해요. (must listen)

3. 회의가 시작됐어요. 음식물을 먹으면 안 됩니다. (mustn't eat)

4. 전 다이어트 중이에요. 초콜릿을 먹으면 안 돼요. (mustn't eat)

5. 아버지가 주무시고 계세요. 조용히 해야 해요. (must be)

6. 이 책을 정말 유익해요. 꼭 읽어보세요 (must read)

7. 내 새 남자친구는 정말 멋있어요. 꼭 만나보세요. (must meet)

3

1. 학생들은 교복을 입어야 한다.

2. The students mustn't eat in class. (학생들은 교실 내에서 음식을 먹어선 안 된다.)

3. The students must attend every class. (학생들은 모든 수업에 참석해야 한다.)

4. The students mustn't wear short skirts. (학생들은 짧은치마를 입어선 안 된다.)

5. The students mustn't keep guns and rifles. (학생들은 총을 소지해선 안 된다.)

4

1. Did you (have to wear a uniform in junior high school)? (중학교 때 교복을 입어야 했나요?)

2. Did you (have to study hard for the university entrance exam)? (대학입학시험 준비로 열심히 공부해야 했나요?)

3. Will (you have to get up early tomorrow morning)? (내일 아침에 일찍 일어나야 돼요?)

Lesson 22

1

1. 내 가방은 백화점에 있을지도 몰라.

2. 내 가방은 카페에 있을지도 몰라. (may) (cafe)

3. 내 가방은 미용실에 있을지도 몰라. (may) (be) (hair dresser's)

4. 내 가방은 슈퍼마켓에 있을지도 몰라. (may) (be) (supermarket)

5. 내 가방은 열차 안에 있을지도 몰라. (may) (be) (train)

6. 그렇지 않으면 그것이 택시 안에 있을지도 몰라. (may) (be) (taxi)

Mrs. Rinat's bag is (on) the (train.) Rinat (부인의 가방은 열차 안에 있습니다.)

2

1. A: 태풍이 올 것 같니?
   B: 모르겠어. 올 수도 있겠지. 과학 선생님께 물어봐.

2. A: 이번 주말에 뭐할 거니?
   B: 잘 모르겠어. 영화 보러 갈지도 몰라. (may go)

3. A: 퇴직한 후에 뭐 하실 거예요?
   B: 아직 정하지 못했어요. 미국에 가

서 살지도 몰라요. (may live)

4. A: 선희 결혼식 때 뭐 입을 거니?
   B: 모르겠어. 난 파란 드레스가 잘 어울릴 것 같아. 그래서 그걸 입을지도 몰라. (may wear)

3

be going to

예) 나는 심리학을 공부할 작정이다.

1. I'm going to buy a car next month. (다음 달에 차를 살 작정이야.)
2. I'm going to learn to drive next year. (내년에는 운전을 배울 작정이야.)

may / might

예) 잘은 모르겠지만 프랑스에 갈지도 몰라요.

1. I'm not sure. But I may buy a house. (잘은 모르겠지만 집을 살지도 몰라.)
2. I'm not sure. But I might phone you next week. (잘은 모르겠지만 다음 주에 너한테 전화할 수도 있어.)

Lesson 23

1

1. 목감기에 걸렸어. 기침이 나와.
   담배를 끊어야 해. (D)
2. 우리는 항상 추워.
   알래스카에 살아선 안 돼. 하와이로 가. (C)
3. 꿈자리가 사나워.
   밤에 오래된 치즈를 먹어선 안 돼. (B)
4. 내 방은 지저분해.
   방을 청소해야 해. (F)
5. 고향에 가고 싶어요.
   우주선을 타세요. (A)
6. 배가 아파.
   수박하고 햄버거를 같이 먹지 마. (E)

2

1. 나이프는 왼쪽에 있으면 안 된다. (shouldn't)
2. 그녀는 공기를 치켜들어선 안 된다. (shouldn't)
3. 그는 식탁에서 담배를 피우면 안 된다. (shouldn't)
4. 그녀는 나이프로 가리켜선 안 된다. (shouldn't)
5. 그는 손가락을 사용해서 먹으면 안 된다. (shouldn't)

3

1. 만화책을 지나치게 보면 안 돼.
2. 컴퓨터 게임을 너무 하면 안 돼. (You shouldn't play)
3. 늦게까지 안 자면 안 돼. (You shouldn't stay)
4. 약속시간에 늦으면 안 돼. (You shouldn't be)
5. 너무 오래 전화 통화를 하면 안 돼. (You shouldn't talk)

Lesson 24

1

1. 찬호: 더 천천히 말해 주시겠어요?
   교사: 네, 좋아요.

2. 찬호: Could you say it again, please? (다시 말해 주시겠어요?)
   교사: 그러지요.

3. 찬호: Could you help me, please? (좀 도와주시겠어요?)
   교사: 그럼요.

4. 찬호: Could you take us to the musical, please? (우릴 뮤지컬에 데려가 주시겠어요?)
   교사: 미안해요. 바빠요.

5. 찬호: Could you be our tour guide, please? (우리의 여행 가이드를 해 주시겠어요?)
   교사: 싫어요. 생각도 하지 마세요.

2

1. A: 피자 주시겠어요? (식당)
   B: 그럼요.

2. A: Could I have a window seat, please? (airport) (창가좌석으로 주시겠어요?) (공항)
   B: 그러죠.

3. A: Could I speak to a Korean operator, please? (phone booth) (한국인 교환을 바꿔 주시겠어요?) (공중전화)
   B: 잠깐만 기다리세요.

4. A: Could I exchange Korean won, please? (bank) (한국 원을 환전해 주시겠어요?) (은행)
   B: 네.

3

1. 찬호: 쇼핑하러 갈래?
   줄리아: 쇼핑하는 거 안 좋아해.

2. 찬호: Would you like to play badminton?(배드민턴 칠래?)
   줄리아: 운동 안 좋아해.

3. 찬호: Would you like to go to a movie? (영화 보러 갈래?)
   줄리아: 영화에 별로 흥미 없어.

4. 찬호: Would you like to go to a restaurant tonight? (오늘 밤에 레스토랑에 갈래?)
   줄리아: 그거 좋다. 이탈리아 음식을 먹고 싶어.

4

웨이터: 식사하시겠어요?
톰: 메뉴를 보여 주시겠어요? (Could I)

웨이터: 그러죠. 여기 있어요. 음료 좀 드시겠어요? (Would you like)
톰: 네, 주세요. 물 한 잔 갖다 주시겠어요? (Could you)

Lesson 25

1

1. tall – taller
2. dangerous – more dangerous
3. young – younger
4. expensive – more expensive
5. high – higher
6. exciting – more exciting
7. big – bigger
8. good – better
9. happy – happier
10. bad – worse
11. difficult – more difficult
12. many(much) – more

2

1. 잭은 톰보다 키가 크다.
2. Nancy is younger than Mary. (낸시는 메리보다 어리다.)
3. Mt. Everest is higher than the Eiffel Tower. (에베레스트 산은 에펠탑보다 높다.)
4. Canada is bigger than Russia. (캐나다는 러시아보다 크다.)
5. Chinese is more difficult than Korean. (중국어는 한국어보다 어렵다.)
6. A Lion is more dangerous than a snake. (사자는 뱀보다 위험하다.)

3

1. a. (A sports car) is (faster) than (a sedan.) (스포츠카는 세단보다 빠르다.)
   b. (A sports car) is (more) popular than (a sedan.) (스포츠카는 세단보다 인기가 있다.)
   c. (A sports car) is (more) dangerous (than)(a sedan.) (스포츠카는 세단보다 위험하다.)
2. a. A cheese cake is more delicious than bean curd. (치즈케이크는 두부보다 맛있다.)
   b. A cheese cake is sweeter than bean curd. (치즈케이크는 두부보다 달다.)
   c. Bean curd is healthier than cheese cake. (두부는 치즈케이크보다 건강에 좋다.)
3. a. Horse racing is more expensive than dog racing. (말 경주는 개 경주보다 비싸다.)
   b. Horse racing is more fashionable than dog racing. (말 경주는 개 경주보다 유행이다.)
   c. Horse racing is more exciting than dog racing. (말 경주는 개 경주보다 재미있다.)

4

수미: 재키 찬의 영화는 정말 재미있어.

찬호: 아놀드 슈워제네거 영화가 재키 찬 영화보다 좋아.(better) 아놀드는 재키보다 크고 힘도 세.(bigger, stronger)

수미: 그렇지만 재키는 아놀드보다 웃겨.(funnier)

찬호: 잠깐만. 어쨌든 난 액션영화는 안

좋아해. 이 다큐멘터리 비디오를 사러 가자. 더 재미있어.

3. 가족 중에 누가 나이가 가장 많아요? (oldest)

Lesson 26

4

1. the, largest, in
2. the, most, popular, in
3. like, the, best, of

1

1. longest
2. funniest
3. tallest
4. most beautiful
5. coldest
6. most interesting
7. biggest
8. worst
9. largest
10. best
11. happiest

5

1. Which of these boxes is the biggest?
2. She is the happiest of all the students.

Lesson 27

2

1. 가장 수상한 (D)
2. 가장 키가 큰 (E)
3. 가장 웃기는 (F)
4. 가장 슬픈 (B)
5. 가장 행복한 (A)
6. 가장 나이가 많은 (C)

1

1. 샘의 집은 크다. 하지만 그의 집은 바바라의 집만큼 크지 않다. 샘의 집은 (a)이다.
2. 애니의 머리는 길다. 하지만 그녀의 머리는 제인의 머리만큼 길지는 않다. 제인은 (b)이다.
3. 토니는 웃긴다. 하지만 그는 피터만큼은 웃기지 않는다. 토니는 (a)이다.
4. 샐리는 키가 크다. 하지만 그녀는 수지만큼 크지는 않다. 수지는 (b)이다.

3

1. 그녀가 세 소녀 중에 가장 부지런하다. (the most diligent)
2. 짐이 우리 중에 가장 일찍 학교에 온다 ((the) earliest)

2

수미: 그러니까 알래스카에 가자.
찬호: 재미있겠다. 그런데 거긴 추워.
수미: 스웨덴은 어떠니? 알래스카만큼은

춤지 않아.

찬호: 그런데 알래스카만큼 재미는 없어. (is not as interesting as) 방콕은 어떠니?

수미: 방콕은 서울만큼 사람들이 많아. (is as crowded as) 조용한 곳이 좋아.

찬호: 그럼 그냥 집에 있자!

3

1. A: 개는 영리해.
   B: 그래. 하지만 개는 돌고래만큼 영리하지는 않아. 돌고래가 더 영리해.

2. A: 한국 음식은 맛있어.
   B: 그래, 하지만 이탈리아 음식만큼 맛이 있진 않아. (not, as, as) 이탈리아 음식이 더 맛있어.

3. A: 영어는 어려워.
   B: 그래, 하지만 영어는 중국어만큼 어렵진 않아 중국어가 더 어려워. (more, difficult)

4. A: 무선 호출기는 쓸모가 있어.
   B: 그래, 하지만 무선 호출기는 휴대폰만큼 쓸모가 있진 않아. (not, as, as) 휴대폰이 더 쓸모가 있어.

4

1. 우리 선생님은 우리 형만큼 키가 크다.

   My teacher is not as tall as my brother. (우리 선생님은 우리 형만큼 키가 크지 않다.)

2. 짐은 자넷만큼 나이를 먹었다.

   Jim is not as old as Janet. (짐은 자넷만큼 나이를 먹지 않았다.)

3. 잭은 그의 어머니만큼 일찍 일어난다.

   Jack doesn't get up as early as his mother. (잭은 그의 어머니만큼 일찍 일어나지 않는다.)

4. 인호는 진우만큼 빨리 달릴 수 있다.

   Inho cannot run as fast as Jinwoo. (인호는 진우만큼 빨리 달릴 수 없다.)

5. 내 연필은 네 것만큼이나 길다.

   My pencil is not as long as yours. (내 연필은 네 것만큼 길지 않다.)

Lesson 28

1

1. learn, promise
2. practice, finish
3. hate

2

1. 나는 조깅을 좋아해요. (jogging)
2. 나는 공원에 앉아 있는 걸 즐겨요. (sitting)
3. 나는 집에 있는 걸 아주 싫어해요. (staying / to stay)
4. 나는 다른 나라를 방문하고 싶어요. (to visit)
5. 나는 도서관에서 책을 읽는 것을 싫어해요. (reading)
6. 나는 매일 외출하고 싶어요. (to go)

3

1. Do you like dancing? (춤추는 거 좋아해요?)
2. Do you like reading science-fiction? (공상과학소설 읽는 거 좋아해요?)
3. Do you like watching TV? (텔레비전 보는 거 좋아해요?)
4. Do you like swimming? (수영하는 것 좋아해요?)

4

1. A: 전 독자에요. 귀여운 여동생이 있었으면 했어요.
   B: 다행인줄 아세요. 평생 전 독자였으면 했지요.(to be) 여자형제가 5명이어서요.
2. A: 수영을 참 잘 하네요.
   B: 오래전에 수영을 배웠지요.(to swim) 수년간 수영을 하고 있거든요.
3. A: 이 프로그램 보기 싫어.(to watch)
   B: 나도. 너무 지루해. 채널을 돌리자.
4. A: 방 청소 다 끝냈니?(cleaning)
   B: 아니. 정원손질 하느라 바빴어.
5. A: 얘기 즐거웠어.(talking)
   B: 나도. 잘 가. 곧 다시 만났으면 좋겠어.(to see)

5

English teachers

우린 게으른 학생을 맡고 싶지 않아요.

We enjoy (teaching English). (우린 영어를 가르치는 걸 좋아해요.)

We want (to have good students). (우린 착한 학생들을 맡고 싶어요.)

We don't mind (working long hours). (우린 장시간 일하는 것을 신경 쓰지 않아요.)

We try (to teach well). (우린 잘 가르치려고 노력하죠.)

Students

우린 친구과 이야기하는 걸 아주 좋아해요.

We don't enjoy (doing lots of homework). (우린 많은 숙제를 하는 것을 좋아하지 않아요.)

We don't want (to have strict teachers). (우린 엄격한 선생님이 오시는 걸 원치 않아요.)

We prefer (playing computer games). (우린 컴퓨터 게임을 더 좋아해요.)

We hope (to pass the exams). (우린 시험에 합격하길 바라고 있어요.)

Lesson 29

1

이번 주말에는 당신이 집에 있었으면 좋겠어요.

1. 왜냐하면 당신이 세탁 좀 해주세요.
2. 왜냐하면 당신이 저녁 좀 지어주세요.(want, to cook)
3. 왜냐하면 당신이 집 청소 좀 해주세요.(want, to clean)
4. 왜냐하면 당신이 설거지 좀 해주세요.(want, to do)

5. 왜냐하면 저랑 같이 좀 있어 주세요. (want, to be)

그리고 당연히 당신을 사랑하기 때문이에요!

②

1. 네가 집 청소 좀 해.
   네가 저녁 좀 지어. (want, to cook)
   네가 남은 음식을 먹어. (want, eat)

2. 네가 내 머리를 좀 빗어줘. (want, to comb)
   너 좀 나가주면 좋겠어. (want, to go)
   왜냐하면 우리 손님이 올 거야.

3. 네가 우리 옷을 좀 빨아. (want, to wash)

③

例 마르샤는 잭에게 비자를 발급받으라고 했다.

1. Marcia told Jack to learn Spanish. (마르샤는 잭에게 스페인어를 배우라고 했다.)

2. Marcia told Jack to buy a map. (마르샤는 잭에게 지도를 사라고 했다.)

3. Marcia told Jack to find a guide. (마르샤는 잭에게 가이드를 구하라고 했다.)

例 마르샤는 잭이 비자 발급받는 것을 도와주었다.

1. Marcia helped Jack to learn Spanish. (마르샤는 잭이 스페인어 배우는 것을 도와주었다.)

2. Marcia helped Jack to buy a map. (마르샤는 잭이 지도 사는 것을 도와주었다.)

3. Marcia helped Jack to find a guide. (마르샤는 잭이 가이드 구하는 것을 도와주었다.)

④

1. 나는 쇼핑하러 가고 싶지 않아.
   그런데 앨리스는 내가 쇼핑을 가주었으면 한다.

2. 앨리스의 친구들은 노래를 하고 싶지 않다.
   그런데 앨리스는 그들이 노래를 해주었으면 한다. (them)

3. 앨리스의 남동생은 텔레비전을 보고 싶지 않다.
   그런데 앨리스는 그가 텔레비전을 봤으면 한다. (him)

4. 앨리스의 개는 자고 싶어 한다.
   그런데 앨리스는 그 개가 자기와 놀아주었으면 한다. (it)

5. 밥과 제인은 테니스를 치고 싶지 않다.
   그런데 앨리스는 그들이 테니스를 쳤으면 한다. (them)

6. 앨리스의 언니는 사이먼과 결혼하고 싶지 않다.
   그런데 앨리스는 그녀가 사이먼과 결혼했으면 한다. (her)

7. 밥과 나는 컴퓨터 게임을 하고 싶지 않다.
   그런데 앨리스는 우리가 그녀하고 컴퓨터 게임을 했으면 한다. (us)

저런, 앨리스! 다른 사람들을 좀 배려해! 세상은 너를 중심으로 돌아가지 않아!

Lesson 30

1

1. 우선 그녀는 시티은행으로 돈을 좀 찾으러 갔다.
2. 다음에 그녀는 우체국으로 우표 몇 장을 사러 갔다. (to buy some stamps)
3. 그 후에 그녀는 롯데백화점으로 옷을 몇 벌 사러 갔다. (to buy some clothes)
4. 그 후 그녀는 편의점으로 우유를 좀 사러 갔다. (to buy some milk)
5. 그 후에 그녀는 도서관에 책을 빌리러 갔다. (to borrow a book)
6. 마지막으로 그녀는 친구들을 만나러 커피숍에 갔다. (to meet her friends)

그녀는 친구들과 피로를 풀어서 매우 좋았다.

2

토니: 안녕, 잭.
잭: 안녕, 토니. 지난달에 미국에 갔었어.
토니: 어디 갔었어?
잭: 마돈나하고 노래하러 LA에 갔었어. 그다음에 대통령을 만나러 워싱턴에 갔었어. (to, see)
토니: 그리고 그 후에 어디 갔었어?
잭: 빌 게이츠하고 저녁을 먹으러 뉴욕에 갔었어. (to, have) 아, 그리고 여배우들과 데이트하러 할리우드도 갔었지. (to, date)
토니: 그래? 굉장하다. 그런데 공상은 이제 끝난 거니?

3

1. 그의 아버지는 그 소식을 듣고 놀랐다. (to)
2. 할아버지가 돌아가셨다니 안됐습니다. (sorry)
3. 당신을 만나서 기쁘네요. (glad)

4

1. There is nothing to worry about. (별로 염려할 것 없다.)
2. The woman stopped to drink water. (그 여자는 물을 마시려고 멈춰 섰다.)
3. It is very easy to use this machine. (이 기계는 쓰기 정말 쉽다.)
4. We went to the theater to see the movie. (우리는 영화를 보러 극장에 갔다.)

5

1. 짐은 할 일이 많았다. (do)
2. 나는 네게 보여줄 사진이 있다. (to show)
3. 읽을 것 좀 있나요? (anything to read)

6

1. something cold to drink
2. want to play
3. to help

Lesson 31

1

1. began, begun
2. bought, bought
3. worked, worked
4. stood, stood
5. came come
6. knew, known
7. loved, loved
8. saw, seen
9. washed, washed
10. heard, heard

2

1. 어제 그 컵은 내 여동생에 의해 깨어졌다. (broken)
2. 이 책은 서점에서 판매되지 않는다. (sold)
3. 어젯밤에 그 새는 우리들에 의해 잡혔다. (caught)
4. 매년 이 지역에서 많은 나무가 베어진다. (cut)

3

1. 노래 'Beat It'은 마이클 잭슨에 의해 쓰여졌다.
2. 전화는 알렉산더 그레이엄 벨에 의해 발명되었다. (Alexander Graham Bell)
3. 아메리카는 크리스토퍼 콜럼부스에 의해 발견되었다. (Christopher Columbus)
4. 아이스하키는 캐나다 사람들에 의해 발명되었다. (the Canadians)
5. 'Star Wars'는 조지 루카스에 의해 제작되었다. (George Lucas)

4

1. A: 낸시는 편의점에서 일해.
   B: 정말이니?
   A: 시간당 5달러를 받아.
2. A: 지금 캐시는 입원중이야.
   B: 왜?
   A: 차에 치었어. (was, hit)
3. A: 컴퓨터는 우리 생활에 중요해.
   B: 맞아. 컴퓨터는 어디서나 쓰이고 있지. (are, used)
4. A: '월드컵'이 뭐니?
   B: 축구경기야. 4년마다 열려. (is, held)
5. A: 언제 가방을 도난당했어요? (was, stolen)
   B: 10시에요. 두 명의 어린 애들에게 공격받았어요.

5

1. Many stars are seen at night.
2. What language is spoken in this country?
3. Korea is divided into two parts.

Lesson 32

1

1. 난 그들이 우리 집 위를 나는 것을 봤어요.
2. 난 그들이 수원에서 열차를 타는 걸 봤어요. (catch)
3. 난 그들이 맥도널드 가게에 가는 것을 봤어요. (go)
4. 난 그들이 공원에서 햄버거를 먹는 것을 봤어요. (eat)
5. 난 그들이 영화 ET를 보는 것을 봤어요. (watch)
6. 나 그들이 식당에서 UFO 노래를 부르는 것을 들었어요. (sing)
7. 난 그들이 한국말을 하는 것을 들었어요. (speak)

2

1. 그녀는 소년들이 축구하는 것을 보았다.
2. 그녀는 유모차에서 아기가 우는 소리를 들었다. (crying)
3. 그녀는 남자가 개를 산책시키는 것을 보았다. (walking)
4. 그녀는 두 명의 소녀가 담배를 피우는 것을 보았다. (smoking)
5. 그녀는 그녀의 핸드폰이 울리는 소리를 들었다. (ringing)

3

1. 집 청소를 좀 도와줄래?
   c. Sorry. I'm going to a movie. (미안해. 영화 보러 갈 거야.)
2. 내 숙제 끝내는 거 좀 도와줄래? (finish)
   a. Sorry. I can't. I'm doing my own reading. (미안해. 독서하는 중이거든.)
3. 강아지 좀 씻겨줄래? (wash)
   b. Sure. I love animals. (그럼. 나 동물을 아주 좋아해.)
4. 저녁 좀 지어줄래? (cook)
   e. Yes, certainly. I'm hungry. (물론이지. 나 배고파.)
5. 이 상자 옮기는 것 좀 도와줄래? (carry)
   d. Sure. It's not heavy for me. (그럼. 나한테는 무겁지 않아.)

4

톰: 우리 어머니는 엄하셔. 나한테 집 청소를 시키시지. 어머니는 나한테 설거지를 시키셔. (She made me wash) 어머니는 나한테 빨래를 시키셔. (She made me do) 나중에야 내가 나가게 허락하셔. (she let me go out)

수잔: 힘들겠다. 우리 어머니는 아주 좋으셔. 언제든 텔레비전을 보게 하셔. (She lets me watch TV) 언제든 나가게 허락하셔. (She lets me go out) 매일 내가 숙제를 끝내는 것을 도와주셔. (She helps me finish)

Lesson 33

1

1. 그녀가 태어났을 때 그녀의 가족은 서

울에 살고 있었다.

2. When she became three years old, she started to play the violin. (그녀가 3살 되었을 때 그녀는 비이올린을 배우기 시작했다.)

3. When she was 11 years old, she moved to New York. (그녀가 11살이 되었을 때 그녀는 뉴욕으로 이사했다.)

4. When she was 14 years old, she played "Serenade" with Mr. Bernstein. (그녀가 14살이 되었을 때 그녀는 번스타인과 '세레나데'를 연주했다.)

5. When she was only 20 years old, she started a volunteer group for children. (그녀가 20살이 되었을 때 그녀는 아이들을 위한 자원봉사 단체를 시작했다.)

2

1. I was sleeping when the thief entered the house. (도둑이 집에 들어왔을 때 나는 자고 있었다.)

2. Please closed the door when you go out. (외출할 때는 문을 닫아 주세요.)

3. You shouldn't go swimming when you have a cold. (감기에 걸렸을 때는 수영하러 가선 안 돼요.)

4. I'm going to Spain when I finish school. (학업을 마치면 스페인에 갈 겁니다.)

5. I got so excited when I saw a movie star on the plane. (기내에서 영화배우를 봤을 때 정말 흥분됐어요.)

6. You mustn't cross the street when the traffic light is red. (신호등이 빨간색일 때는 길을 건너면 안 돼요.)

3

1. a. 에베레스트 산을 오르는 동안 그들은 땀을 많이 흘렸다. (While)
   b. 에베레스트 산을 오르기 전에 그들은 기운이 넘쳤다. (Before)
   c. 에베레스트 산을 오른 후에 그들은 몹시 지쳤다. (After)

   순서: b → a → c

2. a. 다리가 부러진 후에 그녀는 병원에 갔다. (After)
   b. 스키를 타러가기 전에 그녀는 스키복을 많이 샀다. (Before)
   c. 스키를 타는 동안에 그녀는 다리가 부러졌다. (While)

   순서: b → c → a

4

기자: 그래서 우주비행사가 되기 전에는 뭐 하셨나요?

티나: 우주비행사가 되기 전에는 스키 선수였어요. 그런데 어느 날 스키를 타던 중에 다리가 부러졌어요. (while)

기자: 그래서 다리가 부러진 뒤에 뭐 하셨나요? (after)

티나: 당연히 병원에 갔지요. 그리고 다리가 나을 때까지 누워 있었죠. (until)

기자: 그런데, 티나, 우주비행사가 된 이유를 정말 모르겠어요.

티나: 간단해요. 병원에 있는 동안 매일 비디오로 스타워즈를 봤거든요! (During)

Lesson 34

1

1. 그녀는 미국 가수이다. (신디 로퍼, 마돈나, 휘트니 휴스턴)
2. 그녀는 금발머리 가수이다. (신디 로퍼, 마돈나)
3. 그녀는 'We Are the World'를 부른 가수이다. (신디 로퍼)

리사는 신디 로퍼를 좋아한다.

2

헬렌: 나 저 남자가 마음에 들어.
　앤: 누구?
헬렌: 아름다운 미소를 짓는 남자야.
　앤: 여기 많은 남자가 있어.
헬렌: He's the one who has long dark hair. (머리가 검고 긴 남자야.)
　앤: 그런데 머리가 검고 긴 남자는 많아.
헬렌: He's the one who has beautiful blue eyes. (아름다운 푸른 눈을 가진 남자야.)
　앤: 푸른 눈을 가진 남자가 두세 명 있어.
헬렌: He's the one who is wearing a black jacket. (검정 재킷을 입고 있는 남자야.)
　앤: 아, 저 남자! 그와 얘기하고 같이 사진을 찍자.

3

1. 목수는 집을 짓는 사람이다.
2. A vegetarian is someone who doesn't eat meat. (채식주의자는 고기를 먹지 않는 사람이다.)
3. A pilot is someone who flies airplanes. (비행사는 비행기를 띄우는 사람이다.)
4. A doctor is someone who helps sick people. (의사는 아픈 사람을 돕는 사람이다.)
5. A photographer is someone who takes photographs. (사진사는 사진을 찍는 사람이다.)

4

경찰관: 이 남자가 당신 머리를 때린 사람인가요?
　　짐: 아뇨. 그분은 저를 도와 준 분이에요. 제 머리를 때린 남자는 나이가 더 많아요. 그는 차를 몰고 떠났어요.
경찰관: 좋아요. 그를 찾을게요.

짐의 머리를 때린 남자는 C Bill입니다.

Lesson 35

1

1. b 굴뚝이 있는 집
2. a 발코니가 있는 집
3. c 수영장이 있는 집
4. e 커다란 창문이 4개 있는 집
5. d 시골에 있는 집

2

1 포드는 자동차를 만드는 회사이다.

2. SWATCH is a company which makes watches. (스와치는 시계를 만드는 회사이다.)

3. APPLE is a company which makes computers. (애플은 컴퓨터를 만드는 회사이다.)

4. CANON is a company which makes cameras. (캐논은 카메라를 만드는 회사이다.)

5. NIKE is a company which makes sports shoes. (나이키는 운동화를 만드는 회사이다.)

6. BOEING is a company which makes planes. (보잉은 비행기를 만드는 회사이다.)

3

1. 날지 못하는 새이다.
2. 옷을 세탁하는 기계이다. a washing machine(세탁기)
3. 당근을 먹는 동물이다 a rabbit(토끼)
4. 커피를 만드는 기계이다. a coffee maker(커피메이커)
5. 잠을 깨워주는 시계이다. an alarm clock(알람시계)
6. 음악을 연주하는 상자이다. a music box(뮤직 박스)
7. 단어를 설명하는 책이다. a dictionary (사전)

4

1. A: 서울이 뭐죠?
   B: 서울은 천백만의 인구가 사는 대도시에요.
2. A: 토요타 뭐죠?
   B: Toyota is a company that makes cars. (토요타는 자동차를 만드는 회사에요.)

3. A: 도도가 뭐죠?
   B: A dodo is a bird that disappeared from New Zealand. (도도는 뉴질랜드에서 멸종된 새에요.)

4. A: 어파토사우루스가 뭐죠?
   B: The Apatosaurus was a big dinosaur that was 25 meters long. (어파토사우루스는 25미터 길이의 거대한 공룡이었어요.)

5. A: 윤년이 뭐죠?
   B: A leap year is the year which has 366 days. (윤년은 1년이 366일인 해에요.)

Lesson 36

1

제인은 우리 친구다. 그녀는 이웃 사람들 중에 가장 좋은 여성이다. 매일 우리는 마당에서 그녀를 본다. 지난주 우리는 그녀를 우리 집에 초대했다. 우리는 그녀에게 한국 무용을 가르쳐주었다. 가끔 우리는 그녀와 함께 영화를 보러 간다.

1. 제인은 매일 마당에서 보는 우리 친구이다.
2. 제인은 지난 주 우리가 집에 초대했던 우리 친구이다. (we, invited)
3. 제인은 우리가 한국 무용을 가르쳐준 우리 친구이다. (we, taught)
4. 제인은 우리가 같이 영화를 보러가는

우리 친구이다. (we, go)

2

1. 김 선생님은 스미스 씨를 면접한 사람이다.
   스미스 씨는 김 선생님이 면접을 한 사람이다.

2. Tom is the boy who hit Jack. (톰은 잭을 때린 아이다.)
   Jack is the boy whom Tom hit. (잭은 톰이 때린 아이다.)

3. Mary is the person who taught Misun. English. (메리는 미선에게 영어를 가르쳐준 사람이다.)
   Misun is the person whom Mary taught English. (미선은 메리가 영어를 가르친 사람이다.)

3

존: 메리, 이거 너한테 주는 작은 선물이야.

메리: 뭐? 그런데… 이건 지난주에 내가 톰에게 준 CD인데.

존: 톰? 톰이 누군데?

메리: 내가 정말 좋아하는 남자야. 그런데 톰은 날 좋아하진 않지만 샐리를 좋아해. 아마 톰이 샐리한테 이 CD를 줬을 거야.

존: 그러니까 이 CD를 나한테 준 사람이 샐리야. 그런데 넌 내가 가장 좋아하는 사람이야. 그래서 너한테 CD를 선물로 주는 거야!

1. Tom → Sally → John
2. a. 존을 좋아하는 여자 (Sally)
   b. 존이 좋아하는 여자 (Mary)
   c. 메리를 좋아하는 남자 (John)
   d. 메리가 좋아하는 남자 (Tom)

4

사랑하는 수에게
편지 고마워.
어제는 끔찍한 하루였고 모든 일이 틀어졌어. 아버지가 사주신 시계가 망가졌어.(which 또는 that) 내가 가장 싫어하는 영어시험을 봤어.(which 또는 that)
당연히 불합격했지. 그 다음에 지난주에 새로 산 콘택트렌즈를 잃어버렸어.(which 또는 that) 마지막으로 같이 영화 보러 가고 싶었던 남자 친구를 만나기로 했지.(who) 그런데 너무 늦게 가서 못 봤어. 어제 있었던 일 중에 딱 하나 좋았던 것은 너한테서 온 편지를 받은 거였어.(that) 또 편지 써줘서 내 기운 좀 북돋아줘.

친구 제인

Lesson 37

1

1. An orphan is someone whose parents have died. (고아는 부모님이 돌아가신 사람이다.)

2. A widow is someone whose husband has died. (과부는 남편이 죽은 사람이다.)

3. A widower is someone whose wife has passed away. (홀아비는 아내가 죽은 사람이다.)

4. Jacqueline was a woman whose husband became an American

president. (재클린은 남편이 대통령이 된 여성이었다.)

5. Nobel was a scientist whose name is known as the Nobel Prize. (노벨은 이름이 노벨상으로 잘 알려진 과학자였다.)

6. Margo Hemingway was an actress whose grandfather was a famous writer. (마고 헤밍웨이는 할아버지가 유명한 작가였던 여배우였다.)

2

1. I know a boy whose house is near yours. (나는 그의 집이 당신 집 근처인 소년을 알고 있다.)

2. Here is the artist whose paintings are beautiful. (여기 아름다운 그림을 그리는 화가가 있다.)

3. Show me that dress whose belt is made of red silk. (벨트가 빨간색 실크로 된 저 옷을 보여주세요.)

3

1. 닉: 내 이웃집 사는 샐리 화이트 알아?

   제인: 몰라, 누군데?

   닉: 그녀의 남편도 유명한 과학자인 과학자지.(whose) 둘 다 상을 받았지.

2. 앤: 아내가 캐나다 사람인 왕을 봤어.(whose)

   케빈: 그래, 그녀는 3개 국어를 구사하지. 그녀는 3가지 언어를 말할 수 있어.

   앤: 그리고 그들은 취미가 아이스하키인 아들이 한 명 있어.(whose)

3. 스티브: 난 그의 음악이 잘 알려진 Dizzy를 좋아해.(whose)

   웬디: Dizzy? 누군데?(who) CD가 모두 다 팔린 그 사람이니?(whose)

   스티브: 맞아. 그는 생전에 '재미있게 논다'라는 한 가지 단순한 원칙이 있었지.

4. 빌: 중국어를 배우고 싶어.

   리사: 아버지가 중국 사람인 친구가 있어. 만나보고 싶지?(whose)

   빌: 그럼.

5. 샐리: 아내가 슈퍼모델인 유명한 축구선수 알아?(whose)

   크리스: 아니, 누군데?(who)

   샐리: 이름이 조야. 그의 팀이 여러 번 대회에서 우승했어.(whose)

Lesson 38

1

1. 그들은 미국에 가면 워싱턴 DC를 방문할 것이다.

2. 그들은 워싱턴 DC를 방문하면 많은 유명한 건물을 볼 것이다. (visit, will see)

3. 그들은 많은 유명한 건물을 보면 백악관을 방문하는 것을 좋아할 것이다. (see, will enjoy)

4. 그들은 백악관을 방문하는 것을 좋

아하면 많은 사진을 찍을 것이다. (enjoy, will take)

5. 그들은 운이 좋으면 대통령을 볼 것이다. (are, will see)

해 더 많은 돈을 썼을 것이다. (were)

④

1. If I were rich, I'd buy a sports car. (부자였다면 나는 스포츠카를 샀을 것이다.)

2. If I had a computer, I'd use the Internet. (컴퓨터가 있었다면 인터넷을 사용했을 것이다.)

3. If I were you, I'd work harder. (내가 너라면 더 열심히 일했을 것이다.)

4. If I lived in the countryside, I'd be more relaxed. (시골에 살았다면 나는 더 마음이 편했을 것이다.)

②

1. 돈이 많이 있었다면 우리는 남아프리카에 갔을 거야.

2. 남아프리카 갔었다면 우리는 금광을 방문했을 거야. (went, would visit)

3. 금광을 방문했다면 우리는 금 채굴을 시도해 봤을 거야. (visited, would try)

4. 금 채굴을 시도해 봤다면 우리는 금을 찾았을 거야 (tried, would find)

5. 금을 찾았다면 우리는 부자가 됐을 거야. (found, would be)

Lesson 39

③

1. 아침을 먹지 않으면 나는 배가 고플 것이다.

2. 단 것을 지나치게 먹으면 그는 살이 찔 것이다. (eats)

3. 내일 날씨가 좋으면 우리는 해변에 갈 것이다. (will)

4. 우리 아버지는 운전을 못 하신다. 운전을 할 수 있었다면 아버지는 버스로 출근하지 않았을 것이다. (wouldn't)

5. 우리 형이 내가 좋아하는 CD를 긁어놨다. 그가 우리 형이 아니었다면 나는 매우 화를 냈을 것이다. (weren't)

6. 나는 돈이 별로 없다. 돈이 많았으면 가난한 나라의 사람들을 도왔을 것이다. (had)

7. 내 가장 친한 친구 샐리는 수상이 아니다. 수상이었다면 샐리는 복지를 위

①

1. 그는 열차를 놓쳤다. 그는 학교에 지각했다. 그가 열차를 놓치지 않았다면 그는 지각하지 않았을 것이다. (wouldn't have been)

2. 그는 케이크를 많이 먹었다. 그는 배가 아팠다. 케이크를 그렇게 많이 안 먹었으면 그는 배가 아프지 않았을 것이다. (hadn't eaten, wouldn't have had)

3. 그는 영어시험 공부를 하지 않았다. 그는 시험에 불합격했다. 영어시험 공부를 했다면 그는 시험에 합격했을 것이다. (had studied, would have passed)

4. 그는 샐리의 전화번호를 몰랐다. 그는 샐리를 생일파티에 초대할 수 없었다. 샐리의 전화번호를 알았다면 그

는 생일파티에 그녀를 초대할 수 있었을 것이다. (had known, could have invited)
5. 날씨가 맑지 않았다. 그는 정원에서 바비큐 파티를 열 수 없었다. 날씨가 좋았으면 그는 정원에서 바비큐 파티를 열 수 있었을 것이다. (had been, could have had)

브래드: 13일의 금요일이 아니었다면 그렇게 운수가 사나운 날을 보내진 않았을 거야.

②

1. If he had studied harder, he would have passed the test. (열심히 공부했다면 그는 시험에 합격했을 것이다.)
2. If they hadn't fought, they would still have been good friends. (싸우지 않았으면 그들은 지금도 좋은 친구였을 것이다.)
3. If we had skied slowly, we wouldn't have hit the tree. (천천히 스키를 탔더라면 우리는 나무에 부딪치지 않았을 것이다.)
4. If I had known your birthday, I would have given you a present. (네 생일을 알았다면 나는 선물을 주었을 것이다.)
5. If she hadn't carried many heavy boxes, she wouldn't have had a backache. (무거운 상자를 많이 옮기지 않았으면 그녀는 허리가 아프지 않았을 것이다.)
6. If this bag had not been on sale, I couldn't have bought it. (이 가방을 세일하지 않았다면 나는 살 수 없었을 것이다.)

③

톰: 왜 내가 시험에 떨어져야 했지? 전부 너 때문이야. 네가 우리 집에 오지 않았으면 난 새 컴퓨터 게임을 하지 않았을 거야.
벤: 네가 나한테 전화를 안 했으면 난 가지 않았을 거야. (had not phoned, wouldn't have visited)
톰: 네가 전화를 안 받았으면 난 오라고 하지 않았을 거야. (hadn't answered, wouldn't have asked)
벤: 그건 심하다. 뭐라고 해야 할지 알면 참 좋겠어. 그런데 너무 늦었어.

④

1. 나는 열심히 공부하지 않았다. 열심히 공부했더라면 좋았을걸.
2. 나는 책을 많이 읽지 않았다. 책을 많이 읽었더라면 좋았을걸. (had read)
3. 나는 담배를 많이 피웠다. 담배를 많이 피우지 않았다면 좋았을걸. (had not smoked)
4. 나는 저축을 하지 않았다. 저축을 했더라면 좋았을걸. (had saved)

⑤

1. 한국어를 할 수 있다면 얼마나 좋겠어.
2. I wish I were a pop star. (내가 팝 가수라면 얼마나 좋겠어.)
3. I wish I had a car. (나한테 차가 있다면 얼마나 좋겠어.)
4. I wish it were not raining. (비가 안 오면 얼마나 좋겠어.)

Lesson 40

1

1. A: 밥은 널 좋아해.
   B: 정말이니?
   A: 그가 널 좋아한다고 했어.

2. A: 낸시는 번지점프를 좋아해.
   B: 정말이니? 못 믿겠는걸.
   A: 그녀가 번지점프를 좋아한다고 했어. (she liked it)

3. A: 톰은 이집트에 갈 거야.
   B: 그건 모르고 있었어.
   A: 맞아. 그가 이집트에 갈 거라고 했어. (he was going to Egypt)

4. A: 화이트 씨는 런던에 갔다 왔어.
   B: 정말이야?
   A: 그녀가 런던에 갔다 왔다고 했어. (she had been to London)

5. A: 김 선생님을 자전거를 못 타. 그거 알고 있었니?
   B: 아니.
   A: 그가 못 탄다고 했어. (he couldn't ride a bicycle)

6. A: 그리고 이건 비밀이지만 샐리는 약혼했어.
   B: 정말이니?
   A: 그래, 그녀가 약혼했다고 했어. (she was engaged)

7. B: 그런데 너 거짓말쟁이지? 누가 넌 거짓말쟁이라고 했어.
   A: 난 거짓말쟁이가 아니야. 만우절에만 거짓말하는 걸 좋아할 뿐이지.

2

빌: 안녕, 수미. 오랜만이야.

수미: 안녕, 빌. 지금 난 미국에 살아. 뉴욕에서 과학을 가르쳐. 난 내 일이 좋아.

빌: 수미 알지? 어제 우연히 수미를 만났어.

수잔: 그래? 지금 어디 살아?

빌: 그녀가 미국에 산다고 했어.

수잔: 미국이라고? 무슨 일을 하니?

빌: 뉴욕에서 과학을 가르친다고 했어. (She taught science in New York)

수잔: 그래? 그 일은 좋아해?

빌: 그래. 일이 마음에 든다고 했어. (she liked her job)

수잔: 결혼은 했어?

빌: 아니. 미국인 남자와 사귀는 중이라고 했어. (she was dating an American boy) 그리고 매일 너무 바쁘다고 했어. (she was very busy every day)

3

1. 톰은 축구를 좋아한다고 했다.
   톰: 나는 축구를 좋아해.

2. 제인은 영화를 보러 갈 거라고 했다.
   제인: 나 영화 보러 갈 거야. (I am going)

3. 짐은 다시는 지각하지 않을 거라고 했다.
   짐: 다시는 지각하지 않을 거야. (I will, be late)

4. 메리는 카메라를 잃어버렸다고 했다.
   메리: 카메라를 잃어버렸어. (I have lost my)